林　望
Nozomu Hayashi

習近平の中国

百年の夢と現実

岩波新書
1663

はしがき

朝日新聞社の中国総局は百年以上の歴史を持つ老舗ホテル、北京飯店の中にある。二〇一二年一月に特派員として北京に赴任した私は、それから四年半、古びたエレベーターを使うか、日頃の運動不足の気休めに長い階段を登るかして、五階にあるオフィスに通った。

大気汚染のせいでほとんど閉じたままだったが、机の後ろにある窓からは北京を横切る長安街が見下ろせ、首を伸ばせば人民大会堂の屋根が見えた。天安門広場や中国の指導者が集まる中南海も、歩いていける距離にあった。郊外に新しく機能的な建物が増える中、北京のど真ん中にとどまる外国人は減っている。北京を離れて気がついたことだが、自分はこの間、中国政治の中心に最も近い場所で仕事をしていた日本人の一人だったのかも知れず、記者としてそういう場所に身を置いていたことの幸運を遅ればせながらにかみしめた。

北京特派員としての私の任期は習近平《しゅうきんぺい》が最高指導者に就く前夜から、共産党の「核心」と呼ばれるほどの権力をつかむまでの時期とほぼ重なる。本書を書くことになったのは、この時代に何が起きたのかを振り返り、習近平と彼の率いる中国が何を目指していたのかを見つめ直してみたいと思ったからだ。

序章で習近平指導部がどんな時代に生まれたのかを概観した後、第一章で対外対策、第二章で国内問題、第三章で共産党の今とこの秋に開かれる党大会について述べ、終章では習近平と中国に突きつけられている課題について書いてみたいと思っている。新聞では書きにくかった個人的な見立てや思い入れも交じるが、この間、間違いなく世界の中心の一つであった現場の近くで、その空気を吸っていた記者の記録として読んでいただけたらうれしく思う。

※本文中では敬称を略した。
※クレジット表記のない写真は、すべて朝日新聞社の提供(図3-5を除く)。

目次

黒竜江
ハルビン
ウラジオストク
長春
吉林
シリンホト
内モンゴル自治区
瀋陽
遼寧
フフホト
北京
唐山
河北
大連
天津
山西
西柏坡
正定
石家荘
太原
銀川
陝西
寧夏回族自治区
梁家河
延安
済南
山東
黄海
黄河
鄭州
粛
西安
河南
江蘇
安徽
小崗
合肥
南京
上海
湖北
武漢
杭州
長江
浙江
東シナ海
成都
重慶
南昌
温州
長沙
江西
湖南
遵義
尖閣諸島
古田
福州
福清
台北
福建
アモイ
貴陽
貴州
桂林
台湾
広西チワン族自治区
広東
広州
深圳
香港
マカオ
海口
南シナ海
海南

中華人民共和国略図

ウルムチ
新疆ウイグル自治区
甘
西寧
蘭州
青海
チベット自治区
四川
ラサ
昆明
雲南
国境線
省・自治区・直轄市境
省都・区都
直轄市
特別行政区

序章　習近平の描く夢

「核心」という高み

二〇一六年十月二十七日午後、北京の人民大会堂に大きな拍手が鳴り響いた。中国共産党の中央委員と候補委員およそ三百五十人が北京に集まった党中央委員会第六回全体会議(六中全会)がこの日閉幕式を迎え、四日間にわたる会議の成果を盛り込んだコミュニケを全会一致で可決したのだ。

このニュースは大きなインパクトをもって世界に伝えられた。コミュニケの内容もさることながら、そこに「習近平同志を核心とする党中央」という言葉が盛り込まれていたからだ。共産党はそれまで「習近平同志を総書記とする党中央」という言い方をしてきたが、この大会を境に習近平総書記を公式に党の「核心」と位置づけたのである。

かつて共産党の「核心」と呼ばれた総書記は「建国の領袖《りょうしゅう》」と呼ばれた毛沢東《もうたくとう》、「改革開放の総設計師」鄧小平《とうしょうへい》、そして江沢民《こうたくみん》の三人しかいない。天安門事件で失脚した趙紫陽《ちょうしよう》の後任として急遽抜擢《ばってき》された江の場合、時の最高実力者だった鄧が党の動揺を抑えるため、「核心」と呼ばせて権威づけたとされる。それを思えば、カリスマ的指導者の後ろ盾を持たない習が、総書記就任からわずか四年で毛や鄧と同じ高みに立ったことの意味は重い。

その二週間前、北京では待遇の改善を求める退役軍人が全国から集結し、軍の最高幹部らが使う「八一大楼」を取り囲む騒ぎがあった。米国では大統領選が最終盤を迎え、既成政治を打ち破ると訴えるドナルド・トランプが、優勢と見られていたヒラリー・クリントンと激しい闘いを繰り広げていた。軍の再編や経済の構造改革など国内の改革が正念場を迎え、世界が混迷の度合いを深める中、共産党は習近平にこれまで以上に強大な権威を与え、そのリーダーシップに国の行く末を委ねたのだった。

ワシントンでこのニュースを聞いた私は、ここに至る習の歩みの速さに驚きながら、共産党がこうした道をたどる流れは、彼が総書記になる前にすでにあったのかも知れないと思った。思い出していたのは四年前、習の総書記就任を間近に控えていた二〇一二年三月、同じ人民大会堂で開かれた全国人民代表大会(全人代)のことである。

訪米直前の大事件

その年の全人代は、実に騒然とした空気に包まれていた。開幕までちょうど一カ月前の二月六日、直轄市である重慶で公安局長を務めてきた王立軍《おうりつぐん》が、突如、隣の四川省《しせん》成都にある米国総領事館に駆け込む事件が起きていたからだ。

後の裁判で明らかになったところによれば、王は一月末、重慶市のトップ、薄熙来《はくきらい》市共産党委員会書記の妻が起こした英国人殺害事件を巡って薄と衝突した。

二月四日の夜、王の側近だった于俊世《うしゅんせい》の訪問を受けて相談に乗った男性によると、王はこの時、激高した薄から耳が出血するほどの激しい平手打ちを受けた。王は、薄のいわば右腕として批判勢力を排除する役割を担ってきた人物だ。権力闘争の恐ろしさを熟知していただけに、自身が破滅の瀬戸際に追い込まれたことを悟ったに違いない。

王とその取り巻きは重慶の英国総領事館に逃げ込むか、北京に上って党中央に薄と妻の問題を直訴するか、メディアに訴えるかで逡巡《しゅんじゅん》していた。「薄や共産党の圧力をはね返して王を守れるのは米国しかない」というこの男性の意見を聞き入れたのかどうかは分からないが、王はその二日後、市内の病院で診察を受けるふりをして、敷地内に用意しておいた乗用車に乗り込み、自分で運転して約三百キロメートル離れた成都の米国総領事館を目指した。

人口三千万人を超える直轄市の公安局長が外国公館に駆け込むだけでも、重大な政治事件である。しかもこの時、次の最高指導者になることが内定していた習近平国家副主席の初の公式訪米が一週間後に迫っていた。中国との関係がこじれるリスクも考慮したのだろう。米国は保護してほしいという王の要求を拒み、翌日、その身柄を北京から駆けつけた国家安全省次官に引き渡した。米国のこの対応は共産党指導部を喜ばせた。当時、米ホワイトハウスの国家安全保障会議（NSC）で中国政策を統括していたエバン・メデイロスは後に「我々はうまく事態をさばいたことで、（共産党に）多少の政治的な貸しをつくることになった」と語っている。

薄の会見

薄熙来はその年の秋に控える党大会で、党最高指導部の政治局常務委員の座を狙っていたが、彼の政治的な立場は、この事件によって危ぶまれるようになった。記者たちが共産党の指導者の肉声や表情に直接触れる数少ない機会である全人代で、薄の一挙手一投足に注目が集まったのは当然だ。しかし、薄へのダメージを恐れてか、重慶市は省や直轄市ごとに開く分科会をなかなか公開しようとしなかった。三月九日、ようやく一部の記者に取材許可の通知が届いたのも、会議の始まる一時間余り前という慌ただしさだった。

運良く会場に入ることができた私は、ひたすら薄の表情に目をこらした。長い会議が終わり、ようやく報道陣との質疑応答に入ると、薄は王の事件について「監督不行き届きだった。重慶で起きた問題はすべて私に責任があるが、どの地方でも個別の問題や突発事件は起きるものだ」などと話した。持ち前の甲高い声を張り上げ、よどみなく語り続ける姿には、指導者としての威厳を保ったままこの危機を乗り切ろうとする意地のようなものも感じた。

しかし、途中で歩み寄ってきた職員が耳元で何かをささやいたのを機に、薄の様子が一変した。「緊急の電話が入った」と中座して数分後に戻ってきた薄は、誰に聞かれたわけでもないのに「息子が赤いフェラーリに乗っているとデタラメを言う者がいる。妻が金儲けをしていると言う者もいるが、彼女は自宅で家事に専念している。献身的に支えてくれている妻に私は感激しているのだ」と、いきり立つように家族の擁護を始め、その場にいた人々をあぜんとさせた。

図 0-1　摘発される直前，全人代での薄熙来（2012 年 3 月）

司会役の副書記はなかなか外国メディアの記者に質問の機会を与えようとしなかったが、私は係員のマイクを半ば奪うようにして「重慶の発展ぶりは私も取材をさせてもらったが、あなたが重慶の書記になってから胡錦濤《こきんとう》総書記は一度も直接ご覧になっていないですね。残念なことだと思いますが、何か理由があるのですか」と尋ねた。前の党大会からの五年間で胡は重慶に一度も足を運んでいなかった。たとえば広東省《かんとん》にはその間に三回も視察しているのと比べ異常な事態ともいえ、そこに両者の確執を読み取る向きもあったためだ。

薄は笑いながら、声を一層張り上げて「錦濤同志は我々の発展ぶりをよく知っている。私は近い将来、錦濤同志が重慶に来ることを固く信じている」と答えた。

私はその時、薄が胡錦濤を「錦濤同志」と妙に親しげに呼ぶのを奇異に感じたくらいだったが、後に知り合いの中国人記者から「あれは上司である胡に重慶を見に来いと迫るような尊大な発言だった」と聞かされた。

さらけ出された不穏な空気

結局、薄はその六日後、全人代が閉幕した翌日に、重大な規律違反の疑いで重慶市書記を解任されて失脚し、翌年、巨額の収賄と職権濫用などの罪で無期懲役の実刑判決を受けた。

党の長老、薄一波《はくいっぱ》を父に持つ薄は、遼寧《りょうねい》省長や商務相時代の実績や水際だった立ち居振る舞いから、次期リーダーとしての呼び声も高い指導者だった。政治局常務委員として北京に返り咲けば、習やほかの指導者たちとしのぎを削りながら、中国政治を左右するだけの実力を備えていた。

しかし、薄が王に指揮させた「打黒」（マフィア一掃）キャンペーンは、法の秩序を無視して薄に批判的な地元の有力者を追い落とす政争の側面があらわになり始めていた。さらに薄は市民に革命歌を歌わせる「唱紅歌」など文化大革命を想起させる大衆扇動的な運動も繰り広げていた。首相の温家宝《おんかほう》らが名指しこそ避けつつその手腕に懸念を示すなど、党中央で薄の最高指導部入りを危ぶむ声が高まる中での転落劇だった。薄の側近中の側近だった王の米国総領事館駆け込み事件は、共産党内部で広がっていたそうした不穏な空気を白日の下にさらけ出すきっかけになったのである。

嵐の中の船出

習近平はその年の十一月に開かれた第十八回党大会で、予定通り党総書記に就いた。それから二年余りたった二〇一五年一月、最高指導者としての評価と地盤を固めた習は、党中央規律検査委員会の会議で、薄らの名を挙げて「ある者は政治的な野心を膨らませ、自分の利益のために党に背いて陰謀をはたらき、党を分裂、破壊する政治的な企てをした。ある者は自らが治める場所を自分の独立王国に仕立て上げ、党中央に黙って人事や政策を行い、自分たちの派閥をつくりあげた。ある者は党中央の理論や路線に刃向かって批判し、中央の指導者たちをおとしめるうわさや罵詈雑言《ばりぞうごん》を世に流し、自分と意見の合わない同志を弾圧しようとした」と、口を極めて批判した。

その一カ月前、共産党は胡錦濤時代の党最高指導部メンバーだった周永康《しゅうえいこう》前党中央政法委員会書記を、重大な規律違反の疑いで党籍剝奪処分とし、逮捕することを決めたばかりだった。周は薄との深い関係がささやかれ、江沢民元総書記ともつながると言われた大幹部だ。中国共産党には、政治局常務委員経験者は刑事訴追されないという不文律のようなものがあったが、習はそれを打ち破り、この時、周を薄と共に厳しい言葉で弾劾したのである。

歴史は常に勝者の都合の良いように語られる。その道理からすれば、この習の発言も、薄らの裁判などで明らかになった一連の事件の経緯も、どこまでが真実なのかは分からない。しかし、習のこの発言は、共産党が指導部内に激しい権力闘争を抱え、分裂の瀬戸際で大揺れに揺れていたことを物語っている。

このように習近平は、共産党が「改革開放以来、最大」とまで言われた政治事件の嵐のまっただ中で、十三億人の中国人と八千八百万人を超える共産党員(二〇一五年時点)を率いる指導者になった。

王立軍が米国総領事館に駆け込むちょうど一カ月前に北京に赴任した私は、習の指導者としてのきわどい立ち上がりから、鄧小平以来の強力なリーダーとしての評価を固めるまでの過程を中南海の近くで見つめる幸運を得た。中国は今でこそ海洋問題などで力ずくの強硬姿勢を示し、新しい経済秩序の構築への意欲をあらわにするなど自信に満ちた印象が強いが、改めて振り返って思うのは、生まれたばかりの習指導部を支配していたのは強い「危機感」だったということである。そして実のところ、彼らはその危機感を抱え続けたままであり、自信の裏にある深い不安や恐れを見ずには、習近平指導部の振る舞いは理解できないように思う。

新指導部の顔見せ

習近平が中国共産党の最高指導者である総書記に就任したのは、二〇一二年十一月十五日のことだ。新聞記事では丸めて「党大会で指導部の交代が行われた」と書くこともあるが、正確に言えば、党大会で選ばれるのは新しい党中央委員とその候補委員であり、党の指導部にあたる政治局常務委員と政治局員は党大会が閉幕した翌日に開かれる党中央委員会の第一回全体会議(一中全会)で選出される。

北京の人民大会堂で一中全会が終わった後、新しい政治局常務委員が顔をそろえる記者会見は、我々報道陣にとっても一連の党大会取材を締めくくるハイライトだ。世界から集まるライバル社に先んじて新しい常務委員の顔ぶれを報じようと、党関係者や外交関係者らへの取材を重ねてきた日々を悲喜こもごもの思いで振り返りながら、中国の権力構造の頂点に立った人々の表情に目をこらす。

この日、そろいの黒のスーツ姿で入場してきた七人の常務委員の表情は、愛想良く記者に手を振る李克強《りこっきょう》や兪正声《ゆせいせい》、悠然と構える王岐山《おうきざん》、緊張の色が隠せない張高麗《ちょうこうれい》など各者各様だった。

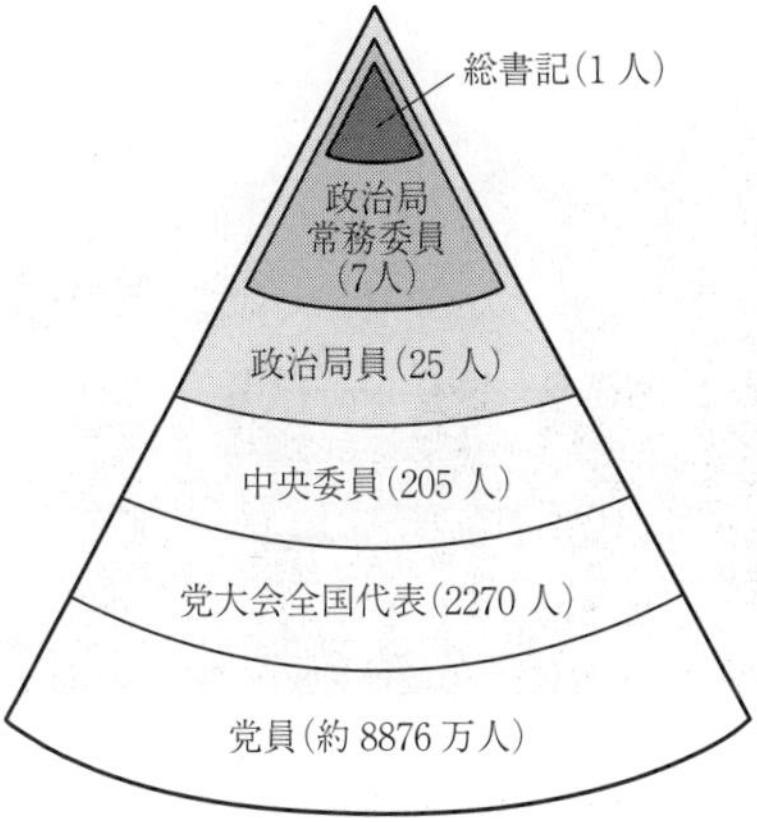

注：人数は 2012 年党大会選出時,
党員数は 2015 年末

図 0-2　中国共産党の組織図

そして彼らを率いた習は「長らくお待たせしました」と余裕の表情でマイクの前に立ち、就任のあいさつをした。習は列強の侵略を許した中国の苦難の歴史を振り返りつつ、より豊かで強い中国を実現するために人民に託された責任と使命を果たしていくと抱負を述べた。記者会見といっても質問は受け付けず、新しい最高指導部の顔見せと決意表明の場という方が正しいが、薄の事件が巻き起こした激しい波風の中で、ともかくも新しい体制が固まり、動き出したとい

図 0-3　新しい党最高指導部の顔見せ．左から張高麗，劉雲山，張徳江，習近平，李克強，兪正声，王岐山（2012 年 11 月）

う高揚感と安堵感が漂っていた。

習近平に託されたもの

しかし、この記者会見の直前、人民大会堂の中で重要な出来事があったことを私は何年も後になって知った。以下はその場に居合わせた関係者の証言を、北京の外交筋が聞いたものだ。

一中全会の閉幕後、新たに選出された七人の政治局常務委員と、引退した常務委員、そして一部の党長老が集まる会議が開かれた。政界の一線を退く指導者たちをねぎらう恒例の儀礼的な会議だったが、終わり際、総書記の座を降りたばかりの胡錦濤がおもむろに手を挙げ、「一言申し上げたい」と語り始めた。

胡は「私はいろいろな妨害を受け、本来目指していた仕事を十分やり遂げられなかった。今後は習近平総書記を中心に、党は団結してもらいたい」と、淡々とした口ぶりで語ったという。十年前、江沢民が総書記を退いた後も党中央軍事委員会主席にとどまるなどして権力を手放さず、党内に隠然たる影響力を及ぼし続けたことへの痛烈な批判であるのは明らかだった。

室内がしんと静まりかえる中、胡の発言を引き取った習は「極めて重要な発言だ」と述べ、総書記のポストも中央軍事委員会主席のポストも習に譲り、「完全引退」を決めた胡の決断を称えたという。

鄧小平というカリスマリーダーを失った後、中国共産党は党政治局常務委員がそれぞれの担当分野で大きな権力と責任を背負う「集団指導体制」を強めてきた。それは新中国を打ち立てた革命世代の指導者と異なり、絶対的な求心力を持ち得ない新しい世代の指導者が中国を率いていくための仕組みであり、また晩年の毛沢東が文化大革命を発動し国を混乱に陥れた権力の一点集中のリスクを防ぐ知恵でもあった。

しかし、社会や経済がますます複雑化し、内外の情勢もめまぐるしく変化する中、指導部内の意見の一致を原則とする意思決定のシステムには「決められない政治」の弊害が目立つようになっていた。江が権力を手放そうとしなかったことで、彼の下に集まる勢力と胡らの勢力の間の葛藤が絶えず、薄熙来や周永康らの事件は、そうした党内の亀裂が救いがたいほどに深まっていたことを浮かび上がらせてもいた。「習を中心に党は団結せよ」という胡の発言は、前指導部が習指導部に託した最大の教訓であり、宿題だったと言える。

反腐敗キャンペーン

その二日後、新しい党政治局が初めて開いた学習会で、習は官僚にはびこる腐敗問題を取り上げ、いま立て直さなければ「党も国も滅びる」と述べた。習はその後、共産党の歴史にも例のない激しさで「反腐敗」キャンペーンを推し進め、強力な指導者としての評価を固めていく。

習が総書記に就任して約一カ月後の二〇一二年十二月十三日、共産党は四川省の李春城《りしゅんじょう》副書記に重大な規律違反があったとして解任したことを明らかにした。その後の四年間で閣僚や省長クラスの大物だけで百人以上、地方の中堅幹部まで含めると十万人近くが処分されることになる「反腐敗」キャンペーンの号砲だった。

共産党が「反腐敗」を唱えるのはこれが初めてではないが、習は「虎も蝿も一緒に叩け」と命じ、中央の高官も地方の小官もすべて摘発する「例外のない反腐敗」を唱えたのだ。

その照準のひとつが周永康に向けられているとささやかれるようになるまで時間はかからなかったが、前述したように、新中国の成立以来、政治局常務委員経験者が腐敗問題などで摘発された例はない。党の最高指導部にまで腐敗が及んでいた実態を明らかにすることは共産党にとってのダメージが大きいこともあり、習指導部があえてそこに踏み込むと信じる人はまだ少なかった。

習指導部の「反腐敗」がそうした常識を破るものであることがはっきりしたのは、二〇一四年六月、胡錦濤指導部で軍制服組のトップにいた徐才厚《じょさいこう》前党中央軍事委員会副主席を収賄容疑で摘発した時からだろう。徐は政治局常務委員ではなかったが、共産党のトップ二十五人で構成する党政治局のメンバーだった。胡錦濤指導部の中枢にいた大幹部であり、また江沢民の強い後ろ盾を得ていたとも言われてきた。その意味で徐の摘発は、胡と江の双方の権威を傷つけることにもつながるが、習が容赦なくそれを断行したことは、「例外のない反腐敗」の徹底ぶりを証明すると同時に、習が党内の反発や動揺を抑え込むだけの政治力を蓄えていることを示してもいた。

「紅二代」の喝采

そして、かけ声だけにとどまらない力強い取り組みは、幹部たちの度を超えた腐敗ぶりに業を煮やしていた庶民と、「紅二代《こうにだい》」と呼ばれる人々から熱狂的とも言える支持を集めた。「紅二代」とは抗日戦争や国民党との内戦を戦った革命世代の指導者を先祖に持つ党関係者たちを指す。狭義では毛沢東主席と周恩来《しゅうおんらい》首相から直接任命された「部級・省級」（閣僚や省長クラス）の幹部と、一九五五年に初めて軍の階級が制定された時の少将以上の軍幹部の子弟を指すとされる。

その数は約三千人とも言われるが、実際にはもっと幅広く、改革開放の時代より前に党中央にいた幹部の子弟くらいの意味で使われることも多い。日本でもビジネスを展開する中国人実業家から、紅二代を「共産党株式会社」の創業家、改革開放以降の幹部たちをたたき上げの役員にたとえて両者の関係を教えてもらった時には、なるほどと思ったものだ。

紅二代の政治的な立場は改革派から保守派まで幅広く、親同士が過去の路線対立で敵対した人たちも少なくない。彼らを結びつけるのは共産党と新中国は自分の父や祖父らが血と汗を流して打ち立てたものであるという強い自負と、改革開放以降に頭角を現してきた幹部たちが富と権力をほしいままにし、党を堕落させているという強い不満だった。

そして抗日戦争の時代から共産党に加わり、副首相まで務めた習仲勲《しゅうちゅうくん》を父に持つ習近平は、まさに折り紙付きの「紅二代」の一人である。党中央規律検査委員会書記として反腐敗の指揮を執る王岐山も姚依林《ようい りん》元副首相の娘婿であり、紅二代の代表格と見なされている。その習や王が中心になり、我が物顔で振る舞っていた腐敗幹部たちを次々と摘発していく様子に、紅二代や庶民たちは溜飲を下げ、喝采を送ったのだった。

習が総書記に就任して半年余りが経った二〇一三年春、私は現役の党中央委員の一人と話す機会を得た。ある党機関のオフィスで、始まったばかりの反腐敗などについて語る中で、彼がふと「総書記を選んだ我々自身が驚いているのだ。彼の予想以上の力強さに」と漏らしたのが印象的だった。党内部に広がるその時の空気を端的に現している気がしたからだ。

反腐敗の高揚感は二〇一四年七月、共産党が周永康の立件を発表した時にピークに達した。

図0-4　出廷した周永康(国営中央テレビの映像, 2015年6月)(AFP＝時事)

前述したように、周はその年の十二月に党籍剝奪と刑事訴追の処分が決まり、巨額の収賄や国家機密漏洩《ろうえい》の罪で起訴されて翌年六月、無期懲役の実刑判決を受けた。胡錦濤指導部で権勢を誇った指導者が、真っ白になった髪を隠さず、被告人席に立つ映像は衝撃的だった。

初公判から判決までわずか三週間、犯罪事実の一部が国家機密に関係しているとして審理の内容はほとんど公にならず、薄熙来との関係など政治事件としての側面は一切、明らかにされなかった。生々しい権力闘争と指導部の分裂ぶりを社会にさらすことは避け、党の体面を保とうとしたと見られるが、党の前例を破って政治局常務委員経験者を刑事訴追したことは、党の内外における習の評価と権威を高めるのに十分な効果があった。前例のない厳しい反腐敗を可能にしたのは習の手腕だけではなく、腐敗した党に思い切った手術を施し、山積する難題にスピーディーに対応する強いリーダーシップの出現を求める党内の幅広い意識が下地としてあったからに違いない。薄の事件の激震の中で中国のかじ取りを委ねられ、党の再生を託された習は、ともかくもそうした党の期待に応えて見せた。習がついに「核心」に推戴され、孤峰のようにそびえ立つ存在になったのも、党を覆っていた深い危機意識と結びついているように私は思う。

遠のく高揚

しかし、周の立件あたりを境に反腐敗への受け止めは少しずつ変質していった。習指導部はその後も、胡錦濤前総書記の側近中の側近だった令計画《れいけいかく》前党中央弁公庁主任ら大物幹部を摘発したが、それを受け止める社会にはもはや以前のような驚きや熱気はなく、取り組みは支持しつつも、止めどなく検挙される中央・地方の幹部の実態に庶民は呆れ、共産党の救いがたい腐敗ぶりへの認識を深めるという様相も強まっていった。

そして党内には「反腐敗疲れ」とも言える現象が広がった。官僚たちが自分もいつ密告され検挙されるか分からないという恐怖感から、出張や宴会などを自粛するようになり、同僚同士で本音を語ったり、業者などと接触したりすることを過度に避けるようになった。仕事で実績を上げるより無難に立ち回って保身を図るようになるなど、中央や地方幹部の意欲や積極性をそいでいるという問題に加え、過酷な取り締まりが党や軍にひそかな反発を積もらせるリスクも指摘されるようになってきたのである。

習近平体制の立ち上げから三年で、反腐敗はその権力基盤固めに大きな役割を果たした。しかしその政治的な効果の限界も見えてくる中で、いかにその求心力を保っていくかという課題が再び党指導部にのしかかっている。

L字型経済

二〇一六年五月、中国共産党の機関紙である『人民日報』が一面から二面にかけ、「ある権威人士」へのインタビューという形式の長文記事を掲載した。中国の経済成長が鈍化している現状と今後の見通しについて、記事は「総合的な判断として、我が国の経済(成長率)がU字型に(回復しながら)進むことはあり得ない。ましてV字型の回復などはさらにあり得えず、今後はL字型の傾向が続く。このL字は一つの段階であって、一年や二年で超えていけるものでもない」との見解を伝えた。

「権威人士」は不安定な株式市場や鉄鋼などの過剰生産、金融機関が抱える不良債権や政府の支援で生き延びている「ゾンビ企業」などの問題に触れつつ、中国経済が大きな曲がり角に来ているという認識を示した。そして中国経済が成長の量より質を高める「新常態」に入ったという意識の下、慌てず騒がす着実に構造改革を進めていくことが肝心だと語ったのだ。

党中央宣伝部とのすりあわせや厳密なチェックがある『人民日報』の一面や二面に掲載されていることからしても、共産党指導部の意図を反映した記事であることは疑いがなかった。この記事は大きな注目を集め、「権威人士」とは誰なのかと話題になった。専門家や外交筋の間では、習近平が厚い信頼を寄せる政権の経済運営のキーマン、劉鶴《りゅうかく》党中央財経指導小組弁公室主任だろうという見方が支配的だが、いずれにせよ、「L字型」という表現は、右肩上がりの高度経済成長が終わり、安定的な「中高速成長」を目指す局面に入ったという共産党指導部の時代認識を鮮やかに示していた。

問われる支配の正統性

中国共産党は、文化大革命で全国の人々を大きな政治の混乱に巻き込み、一九八九年の天安門事件で民主化を求めた学生らに銃弾を浴びせた負の歴史を抱える。それでも彼らが十三億人を支配し続けるのは、日本や欧米列強の侵略に抗い国民党との内戦に勝って中国を分裂と衰退から救ったという「歴史」と、貧しさにあえいでいた人々を改革開放によって豊かにし、中国を世界第二の経済大国に引き上げたという「発展の実績」によるところが大きい。

私が一九九〇年代の終わりに北京で暮らしていた当時、中国は超高速と言われる経済成長のまっただ中にあった。今と違ってマイカーを持つ人もまれで、広々とした幹線道路をベンツと馬車が一緒に走る光景も見られる時代だったが、友人たちがその頃、贅沢を望まなければ好きなものを食べ、欲しい服を買い、ちょっとした国内旅行にも行けるようになったことを「夢を見ているようだ」と語っていたのを思い出す。当時も中国はいろんな矛盾や問題を抱えていたものの、庶民が自分の幸福度を測る基準は貧しかった自分の過去にあり、当時の暮らしにおおむね満足していたように思う。

しかし、その後、貧富の格差が広がり、改革開放以前の貧しさも知らない世代が増える中、比較の対象は、同じ時代に生きる自分より恵まれた人たちに変わっていったのを感じる。より豊かに、とチャンスをうかがう中国の人々のバイタリティーは中国の成長を支える原動力そのものだが、激しい競争がもたらすストレスやいまだにコネがものを言う社会への不満、何かの不運や失敗で人生につまずいた時のセーフティーネットが整っていないという不安などがジワジワと深まってきた。

共産党はなぜ彼らが中国を支配し続けるのかという政権のレジティマシー(正統性)を固め直す必要に迫られている。これは政権選択の民主選挙を持とうとしないことによる、共産党の宿命とも言える課題だ。政権を支える両輪の一つである経済がおかしくなれば、こうした負のエネルギーが吹き出し、その矛先が共産党に向かうことは容易に想像がつく。

共産党が抱える危機感は、内部の分裂だけにとどまらず、むしろそれ以上に、経済運営が胸突き八丁を迎えているという強い意識に裏打ちされている。「超高速成長」から「中高速成長」へ、右肩上がりの成長からL字型の成長へ。環境問題や高齢化といった待ったなしの課題を抱えながら経済の構造を改革し、安定成長の軌道に軟着陸させるのは容易ではない。既得権益にしがみつく人々や組織の抵抗を押さえ、これまで経験したことのない改革や実験をスピード感を持ってやり遂げなければならない。習近平という強いリーダーが生まれた背景には、そういう時代の要請もあったのは間違いない。

掲げられた二つの百年

習近平はよく語り、よく動く指導者だ。経済改革、農村問題、軍の再編、外交、反腐敗、インターネットの管理、食品の安全など、次から次へと新しい方針や政策を打ち出し、「重要講話」を繰り返す。私などはそれを追いかけるのに精いっぱいで習の言葉の一つ一つを吟味する余裕もなかったが、時間が経てば経つほど、その意味の重さが浮かび上がってくるものがある。

新指導部が発足して二週間後の二〇一二年十一月二十九日、習は政治局常務委員を全員引き連れ、天安門広場に面した中国国家博物館を訪れた。アヘン戦争以来、日清戦争、辛亥革命、抗日戦争、国民党との内戦を経て新中国が成立し、共産党政権の下で飛躍的な経済発展を遂げ、再び世界の大国としての地位を取り戻すに至ったという歴史を紹介するため、四年越しで準備された政権肝煎りの展示を参観するためだった。

国営メディアは七人が黒い薄手のジャンパーやジャケットという質素な出で立ちで神妙に展示に見入る姿を報じ、彼らを従えて習が行った重要講話を大々的に伝えた。若干長くなるが、この時の演説は習の政治理念を探り、今日の中国の振る舞いを理解し、今後の動きを占う上でも重要だと思うので、引用しておきたい。

改革開放以来、我々は歴史を総括し、苦しみながら探求を続けた末についに中華民族の偉大な復興を実現するための正しい道を見いだした。我々はこれまでのどの時代よりも、中華民族の偉大な復興という目標に近づいている。すべての党員は肝に銘じてほしい。落後すれば叩かれるのであり、強くあるためには発展を続けなくてはならないということを。肝に銘じてほしい。正しい道を見いだすのがどれだけ大変なことだったかを。我々はこの道を迷わずに進む。いま、多くの人が中国の夢を語っている。私は中華民族の偉大な復興こそが近代化以来、中華民族が目指してきた最も偉大な夢だろうと思う。一人一人の未来と運命は、国家や民族の前途と運命と深く結びついている。国が良くなり、民族が良くなってこそ、一人一人が良くなれる。中華民族の偉大な復興は光栄ではあるが困難な事業であり、そのために代々の中国人がともに努力していかねばならないのである。

「中華民族の偉大な復興」は、習がその後、何度も繰り返すことになるキーワードだが、その言葉自体は、胡錦濤前総書記らも使ってきた。習はそれを「中国の夢」と位置づけ、それを叶えることが共産党の使命であり、共産党が中国を率い続ける理由だと言おうとしたのだった。

そして習は講話の最後にこう付け加えた。

私は固く信じている。中国共産党の成立から百周年までに、小康社会の全面的な達成という目標を実現することを。そして新中国の成立から百周年までに、繁栄して強く民主的かつ文明的な調和の取れた社会主義現代化国家をつくるという目標を実現し、中華民族の偉大な復興の夢を必ず実現できるということを。

党を支える新しい物語

「二つの百年」を巡るこの発言は、スタートしたばかりの習近平指導部の「公約」とも言えるものだった。

「小康社会」とは中国の歴代指導部が目指してきたもので、庶民がまずまず余裕のある暮らしを送れる状態を言う。経済的な余裕を指す側面が強いが、そこには一定の精神的なゆとりや幸福感といったものさしも含まれると考えていいだろう。習はまず、中国共産党成立百周年の二〇二一年までに中国全体でそれを達成すると言い切った。習は少なくとも二〇二二年の党大会までは総書記を務めると見られているので、在任中に結果を出さなければならない。後述するが、習の政策の最大の力点はこの目標を達成することに置かれていると言ってもいい。

そしてもう一つ、習は一九四九年の新中国成立から百年という時間軸を打ち出した。中華人民共和国の成立百周年である二〇四九年までに、中国がさらなる高みに立つための道筋をつけると宣言したのだ。目標が達成された時、「中華民族の偉大な復興」という夢が完成すると言っているのだが、習の掲げる「繁栄して強く民主的かつ文明的な調和の取れた社会主義現代化国家」というもののイメージはあまりに茫漠として、つかみどころがない。中国国内でもその定義を巡る本格的な議論は始まっておらず、習自身も現段階でそのイメージをはっきり描いているとは限らない。

シンガポール建国の父と言われる故リー・クアンユー元首相が中国にルーツを持ち、鄧小平らと同じ客家《はっか》出身であることはよく知られている。中国共産党の歴代指導者はリーに厚い信頼を寄せ、特に改革開放以降は、実質的な一党支配の下で目覚ましい経済成長を成し遂げたシンガポールの経験に学ぼうとした。そのリーは生前、ハーバード大学のグレアム・アリソン教授によるインタビューなどでこう語っている。

「四千年の歴史と十三億人の人口、そして才能豊かな人材のプールを抱える彼らが、アジアのナンバーワン、世界のナンバーワンを目指さない理由はない」。

重要なのは、習近平指導部が「小康社会」という目に見える十年後の「夢」に加え、そのずっと先に、かつて圧倒的な文明の力でアジアに君臨し広大な版図を誇った中国の人々に、深く訴えかける何か壮大な「夢」を掲げたということだ。その夢は、漠然としているがゆえに中国の人々には魅惑的に響き、周辺の国々には困惑と警戒心を呼び起こさせる。おそらく習も共産党も「百年の夢」を厳密に定義するつもりはなく、彼ら自身にもその夢の到達点は見えていない。彼らはその時々の政治状況や国際状況に応じて、緩やかに都合のいい形で解釈しながら政権の正統性を支える物語として語っていくだろう。

そのあいまいさと時間軸の長さは、日本の政治文化や日本人のものの考え方にはあまりないものだ。台頭する大国のつかみどころのなさに周囲の国々は当惑し、振り回されもするが、彼らが目指す「百年の夢」という大きな方向性を踏まえ、その文脈の中で目の前で起こる一つ一つの現象を見ていくことは、中国を知る上で有用だと考えている。

第一章　勃興する大国、波立つ世界

第一節　米中の攻防

異形の大統領

二〇一七年一月二十日、第四十五代米国大統領の就任式を迎えたワシントンは、異様な空気に包まれていた。予備選と本選で本命視されていたライバルたちを次々と破って当選したニューヨークの不動産王、ドナルド・トランプの支持者が歓声を上げる一方、彼の排他的な移民政策や女性蔑視的な発言などに反発するグループが早朝から市内各地に集まり、「我々の大統領ではない」などと抗議を続けた。一部の暴徒が車に火を放ったり、飲食店のガラスを割ったりする騒ぎも起こり、この日の首都は、新しい大統領の誕生を祝福するというより、この国が抱える「分断」ぶりを強く映し出したのである。

親指を立てる得意のポーズで就任式の壇上に現れたトランプは、宣誓を行い、ちょうど降り始めた雨の中で大統領として初めての演説を行った。

「我が国の富と強さ、そして自信が水平線の彼方に消え去っている間に、私たちはほかの国を裕福にしていました。（中略）私たちの中産階級の富は彼らの家々から引きはがされ、世界中にばらまかれてしまったのです。私たちの企業を奪い、雇用を破壊している国々から我々の国境を守らなくてはなりません」。

ワシントンで長年、国を動かしてきた政治家や既存のメディア、学者などを「エスタブリッシュメント」(既得権層)と呼んで敵視し、国内産業が衰退したのは自国政府の不正な為替操作や助成に守られた外国企業のせいだとする選挙キャンペーン中の主張を、そのままなぞったような内容だった。これまでの大統領がうたい上げてきた民主主義や自由、人権への直接の言及はなく、「我々の生き方を他の誰かに押しつけたりはしない」という発言は、理想を世界に広げる使命よりも足元の問題に向き合うのが先だという、少なからぬ米国人の抜き差しならない声なのかもしれなかった。

政界やメディアが泡沫候補扱いしていたトランプを大統領に押し上げた理由の一つが、グローバリズムの波に呑まれた製造業の衰退で仕事を失い、中間層から滑り落ちた労働者たちの憤りだったとされる。トランプが就任演説で語った「さびついた工場群が、まるで墓石のようにこの国に広がっている」という光景は、ワシントンから見過ごされてきた米国の一つの実相だった。そこに米国の抱える深刻なひずみを見てとり、あえぎ続ける人々の声を巧みにすくい取ったのがトランプだったと言っていいだろう。

トランプは大統領に就任するやいなや、環太平洋経済連携協定(TPP)からの「永久離脱」やメキシコ国境での「壁」の建設など、公約に掲げていた政策の実行を指示する大統領令を次々と発した。移民や外国企業、メディアなど分かりやすい「敵」をつくりあげ、対立をあおる政治手法は、選挙が終わってからも基本的に変わる様子はない。自分を支えた人々の期待に応えるために「米国第一主義」を掲げ、外交を「ディール」(取引)と言い切る大統領の誕生が国際社会に与える衝撃は計り知れない。今後の世界の行方を左右する中国との関係もまた、予測のつかない流動的な局面に入ったのである。

習近平の顔見せ訪米

世界第二の経済大国になった中国にとって、その先を行く唯一の超大国、米国との関係が最も重要な外交課題であることは言うまでもない。習近平時代の米中関係がどんなものなのか、少し振り返りながら眺めてみたい。

二〇一二年二月、国家副主席だった習は、中国の次の最高指導者としての「顔見せ訪米」に臨んだ。首都ワシントンからロサンゼルスまで五日間で米国を横断し、隙間のないスケジュールで精力的に政治家や財界人たちと会う習の姿は、次の指導部が対米関係をいかに重視しているかを示していた。その中でも象徴的だったのが、中西部アイオワ州の人口二万人の街マスカティーンへの訪問だ。

一九八五年、河北《かほく》省正定《しょうじょう》県という地方の書記だった習は、農業視察団を引き連れてミシシッピ川のほとりにあるこの街にホームステイしたことがあった。二十七年ぶりに訪れた習は、当時のホストファミリーや交流のあった地域の人々と会い、思い出を語った。ホームステイ先の家の子から「米国の映画を見たことがあるか」と聞かれ、「『ゴッドファーザー』が好きだ」と答えたエピソードも披露し、米メディアに大きく取り上げられたりもした。交流に参加した住民によれば、習は冒頭のあいさつで「勤勉と誠実。米国の美徳を私はあなたたちの姿から学んだ」とも語ったという。あざといと思えるほどの台詞だが、目を真っ赤にして感激を語るそのお年寄りの姿から、習の言葉は米国の人々の心には響くものがあったろうと想像した。

図 1-1　ホームステイ時代の習近平の写真を見せるマスカティーンの住民(2012 年 6 月)

同行していた中国外務省幹部は私に、マスカティーン訪問は習自身の強い要望によるものだったと明かした。習の台詞が彼自身の言葉だったのか、部下の振り付けだったのかは分からないが、中国はこの時、次のリーダーが米国の文化と精神を理解する、新しい世代の指導者であることを伝えようとしたのである。前任の胡錦濤が堅苦しいイメージから抜け出せず、米首脳との個人的な信頼関係を築けなかった反省も踏まえてのことだったに違いないが、この時、習が示した姿勢は米国でも好意的に受け止められ、米中の新しい時代の幕開けを強く印象づけた。

そして習がこの時の訪米で強調し、新指導部の対米戦略の代名詞となったのが「新型大国関係」という考え方だった。

新型大国関係とリバランス

後述する南シナ海などでの強硬な態度とは矛盾するようだが、習近平指導部の外交政策の基本に、米国との深刻な対立や衝突を避けたいという意図があるのは疑いない。序章で述べたように、共産党政権にとっての命綱は経済の安定的な成長である。その中で中国外交は「発展のための良好で安定した外部環境を作り出すという根本目標」(王毅《おうき》外相)の達成を求められているからだ。

「新型大国関係」は、中国が「偉大な復興」を目指すに当たり、米中関係を安定させるために打ち出した理念だ。しかし、この考え方自体は習指導部の発明ではなく、むしろ胡錦濤指導部の時代に構想され始めた戦略であり、オバマ政権との間でその実現を託されたのが習だったという方が正しい。

胡指導部の外交のキーマンだった戴秉国《たいへいこく》前国務委員はその回顧録『戦略対話』(人民出版社／世界知識出版社、二〇一六年)で、「新型大国関係」の原型は、胡指導部とジョージ・W・ブッシュ政権との交渉を通じて形づくられたと説明している。二〇〇五年九月、ロバート・ゼーリック国務副長官はその前の月に戴らとの間で立ち上げた米中の定期高官会議を踏まえ、「中国は国際システムを覆すことで自身の未来が開けるとは考えていない」と述べた。そして米国は中国を「責任あるステークホルダー(利害共有者)」になるよう促し、安全保障や経済などの国際秩序を保つ上で責任を果たすよう導くべきだと唱えたのである。当時、ホワイトハウスの国家安全保障会議(NSC)上級アジア部長だったマイケル・グリーン米戦略国際問題研究所(CSIS)上級副所長は、NSCも事前にゼーリックから相談を受けてそのアイデアに同意したとし、「我々は、国際社会で共通の責任と利害を背負うよう中国の背中を押すべきだと考えていた。我々が目指したのは、協力的でありながらも、言うべきことは遠慮せずに言うという包括的な関係だった」と話す。

戴によれば、中国側にはこの投げかけに戸惑いもあったが、最終的には「米国が中国を国際社会の重要なメンバーと位置づけ、異端国家とは見なさなくなった証し」と判断し、これが二〇〇九年に発足したオバマ政権との間で「新型大国関係」という考え方を模索する出発点になったとしている。

「新型大国関係」の趣旨は、米中の協力分野を増やして信頼関係を深めることで、個別の対立や摩擦を両国関係の全体に影響させないというものだ。ただし、中国は台湾や南シナ海問題、チベットやウイグルの支配などについては、妥協や譲歩の余地のない「核心的利益」と位置づけ、尊重するよう米側に求めた。

その意図を慎重に探りつつ、オバマ政権が二〇一一年ごろから国際戦略の柱として打ち出したのが、発展著しいアジア太平洋地域への関与を深める「リバランス」政策である。安全保障面では豪ダーウィンの基地に海兵隊を駐留させることなどで米軍のプレゼンスを強め、経済面では地域の国々にTPPへの参加を呼びかけて自由貿易のネットワークを広げようとした。

このリバランス政策は次節で述べる中国の海洋進出と衝突する面も多く、とりわけ、中国が東シナ海で防空識別圏を設定し、南シナ海で人工島の建設を進めたことは米中関係の流れに大きな影響を与えた。ブッシュ政権時代に国防総省やホワイトハウスに在籍したＣＳＩＳのザック・クーパー研究員によれば、米国は、中国が日本から台湾、フィリピンをつなぐ第一列島線の内側の実効支配を固め、それを足場にグアムなどを含む西太平洋に影響力を広げようとしているとの疑念を深めたという。ブッシュ政権時代から積み上げてきた米国の対中観は見直しを迫られ、オバマ政権が「新型大国関係」を口にすることはなくなった。そして二〇一六年の米大統領選で、それ以前の米中外交の枠組みにとらわれない型破りなリーダーが登場したのである。

台湾からの電話

トランプの当選から一カ月もたたない二〇一六年十二月二日、衝撃的なニュースが飛び込んできた。トランプが台湾の蔡英文《さいえいぶん》総統からの電話に応じ、話をしたのだ。世界が騒然とする中、トランプはテレビインタビューで平然と「私は「一つの中国」政策を完全に理解しているが、貿易を含むほかの問題でのディールができないのなら、なぜ我々がそれに縛られなければならないのかが分からない」とまで言い切った。

トランプと蔡の電話がどうしてそれほど大きな問題になるのかについては説明が必要だろう。一九七九年に中国と国交を正常化した米国は、その時の共同コミュニケ（声明）などで、「中国は一つ」であり「台湾は中国の一部である」という共産党政権の立場を認識するとし、その立場を守ってきた。実際には米国はその後も台湾と武器供与も含む深い関係を保ってきたが、それができたのは歴代政権が台湾高官との公式の接触は避けるなど、「一つの中国」を巡る合意に基づいて慎重に中国側の顔を立ててきたからだ。

ＣＳＩＳのボニー・グレイザー上級顧問は「『一つの中国』政策は米国が(中台)双方との関係を保つ優れた枠組みを提供してきたのであり、そこに込められた「考え抜かれたあいまいさ」は台湾との間の幅広い外交的なやりとりや分厚い経済・民間交流、そして広範な軍事安全保障面での関係を可能にしてきた」と話す。大統領就任前とは言え、いきなり米台の電話トップ会談に踏み切ったトランプの判断は、米国の歴代政権が共和党、民主党の枠を超えて守ってきた対中政策の土台を揺すぶるものだった。そして、新政権は米中関係の礎である「一つの中国」さえも、「ディール」の材料にしかねないとの懸念を中国に与えた。

ユダヤ・コネクション

選挙中、中国では民主党のヒラリー・クリントンが大統領になることへの警戒感がむしろ強かった。クリントンがオバマ政権で国務長官として「リバランス政策」を推し進め、南シナ海などに影響力を広げようとする中国の前に立ちはだかったほか、中国の人権問題にも厳しい姿勢を貫いていたためだ。

トランプの勝利を受け、情勢分析のために中国からワシントンに大挙してやってきた対米関係の専門家の一人は私に「トランプの分析に手をつけたのは、彼が予備選に勝ってからのことだ。保険をかける意味でトランプ勝利の場合も想定した報告を党に上げたところもあったが、彼がクリントンに勝つと本気で思っていた大学やシンクタンクはなかったはずだ」と話した。

中国政府もトランプ勝利に備えて周到に動いていたとは言いがたい。複数の中国外交筋とメディア関係者によれば、駐米大使館がトランプとその側近への接触を本格的に始めたのは選挙が終わってからのことだ。慌てる大使館を助けたのは、ニューヨーク総領事館が持つ地元のユダヤ人コミュニティーとの人脈だったという。中国政府と米国のユダヤ人社会は中国ビジネスを巡る結びつきに加え、第二次世界大戦中、ナチス・ドイツの迫害から逃れた多くのユダヤ人が上海の租界に一時滞在した縁などから歴史的にも深いつながりを保ってきたという。

そうした人脈の中にいたのが、トランプの娘イバンカの夫であり、選挙中から陣営の戦略的なアドバイザーとして影響力を発揮したジャレッド・クシュナーだった。米中双方の関係筋によると、中国政府はニューヨークのチャンネルを使って敬虔なユダヤ教徒であるクシュナーと連絡を取り、選挙後から崔天凱《さいてんがい》駐米大使が複数回、ニューヨークに赴いて面会した。そのほか、ニューヨークの名門ホテル「ウォルドルフ・アストリア・ニューヨーク」を買収して話題となった中国の金融大手「安邦保険グループ」会長で、鄧小平の孫娘と夫婦だったと言われる呉小暉《ごしょうき》らもクシュナーと会っている。また、駐米大使館は、米国の「メディア王」ルパート・マードックの元妻で、イバンカと親しい交際のあった中国出身の実業家、鄧文迪《とうぶんてき》(ウェンディ・デン)を通じてイバンカを大使館のイベントに招くなど、あらゆるパイプを使ってトランプファミリーに切り込み、ホワイトハウスと中南海をつなぐルートづくりを急いだ。

トランプの二枚腰

選挙中、中国がアンフェアな貿易で米国企業を追いやってきたと痛罵し、中国製品に「四十五%の関税をかける」と息巻いてきたトランプだが、著作*Time to Get Tough*(Updated edition, Regnery Publishing, 2015、邦訳『タフな米国を取り戻せ』岩下慶一訳、筑摩書房、二〇一七年)では、中国の通貨や貿易政策を厳しく批判しつつも、「本音を言えば、私は中国の人々をとても尊敬している。(中略)私が責めているのは彼らではなく、我が国のリーダーや政治家なのだ。(中略)中国は我々の敵である。(中略)我々がすべきことをすれば、中国は米国に対してまったく新しい尊敬の態度を示すだろう。そして、我々は未来への道を中国という友人と共に進んで行けるのだ」(岩下訳)と語っており、実利と実益重視の姿勢も垣間見せている。

トランプは新しい駐中国大使にはアイオワ州知事で、習がホームステイした時代から交流のあるテリー・ブランスタッドを任命。自身の助言機関「戦略政策フォーラム」の会長には、共産党指導者との関係も深い米投資会社ＣＥＯのスティーブン・シュワルツマンを据えた。大統領選が終わった直後には、国交正常化以来、中国が米国との関係づくりで最も頼りにしてきた重鎮、キッシンジャー元国務長官にも会っている。中国との対話に備えたパイプは用意しており、硬軟織り交ぜたアプローチで中国との「ディール」を有利に進めようとした。

大統領就任式からまもない二月初め、トランプが習に手紙で「建設的な関係」をつくりたいと呼びかけると、翌日には新政権発足後初の電話首脳会談が実現した。トランプはそこで「一つの中国」を守ると言明し、蔡総統との電話で揺れた米中関係を落ち着かせたのである。

フロリダでの初対面

電話会談から約二カ月後の四月六日、米フロリダに降り立った習は、「冬のホワイトハウス」と呼ばれるトランプの別荘「マール・ア・ラーゴ」を訪れた。トランプが通商問題などで中国への圧力を強める中、首脳外交によって両国関係が極端な方向に走らないよう保険をかけることは、党大会を間近に控える中国がしておかなければならない作業だった。しかし、米中首脳が新大統領の就任からわずか七十日余りで会談するのは異例だ。中国にトランプの対中戦略を十分見極める余裕はなく、会談で習が攻勢にさらされる恐れもあった。そのリスクを背負って会談に踏み切る決断は、習本人以外、下しにくかったろう。

実際、トランプは習との会談が「極めて難しいものになる」と事前にツイートし、通商問題などで中国の譲歩を強く迫る構えを示していた。しかし、いざ習を迎えた彼の態度は、有権者向けの勇ましい言葉と比べ穏当なものだったといえる。晩餐会では「我々はこれまでもじっくり議論をしてきた。今のところ、私は(習から)何ももらっていないけれども」と言って笑わせた後、「我々はこれから時間をかけて素晴らしい関係をつくっていく」と歓迎したのである。

これに対し習は「中米関係を良くしなければならない理由は千もあるが、悪くする理由は一つもない」と述べ、米国との対立は望まないとの立場をあらためて伝えた。王毅外相によると、二日で七時間にわたった会談で、習は中国の歴史と発展の成果を念入りに説明したという。これは二〇一四年十一月、中南海を訪れたオバマ大統領を習が散歩に誘い、列強の侵略以来の中国の歩みを語りつつ、中国には中国の国情があるとして共産党の統治への理解を求めたことと重なる。

双方は外交安保、経済、サイバーなど四つのハイレベル対話の枠組みを立ち上げたほか、貿易不均衡を解消するための「百日計画」を作成することで合意した。王外相が「首脳同士が信頼関係を築くという所期の目的は果たせた」と強調したように、習はトランプとの間で両国関係をコントロールできるというメッセージを中国向けに発信した。党大会を控え、求心力を損なうことが許されない国内情勢を考えれば、習は最低限の成果を得たと言っていい。

図 1-2　晩餐会で習近平をもてなすトランプ(2017 年 4 月)(写真：The New York Times／アフロ)

しかし、習を迎えた晩餐会のさなか、米軍はシリアのアサド政権軍が化学兵器を使ったとしてその基地をミサイル攻撃していた。国連や関係国との調整もなしに実力行使に出た米国の動きは世界を震撼《しんかん》させた。ティラーソン国務長官が「いかなる国も、国際秩序を乱し、他国の脅威となるなら、対抗措置が取られるというメッセージだ」と述べたように、この攻撃はミサイル発射などで挑発を強める北朝鮮への警告の意味も含んでいた。そしてそれは同時に、北朝鮮に対する圧力を強めようとしない中国への牽制《けんせい》でもあった。

ホワイトハウスの中国観

「タフなネゴシエーターが（リーダーになれば）中国を引き下がらせることができる」と言い切るトランプが、どのような中国政策を展開するかは今後も予断を許さない。政権立ち上げの段階ではっきりしているのは「ディール外交」の目指すところが米国民の安全と国内の労働者や企業などの利益に集約されるということであり、変わる世界のパワーバランスの中で、米中両大国の関係をどう位置づけ、コントロールしていくのかという大きな戦略や構想は見えていない。

政界のいわば「アウトロー」であり、与党共和党の実力者にも容赦のない批判を浴びせて亀裂を生んできたトランプが、政権運営を支える人材をどこに求め、どう配置するかは政権の性格を占う上でも重要なポイントだった。

一連の人事で衆目を集めたのが、貿易交渉の司令塔となる国家通商会議（NTC）の新設とそのトップへのピーター・ナバロの抜擢だった。

カリフォルニア大学で教授を務めてきたナバロを有名にしたのは、中国に対する厳しい主張だ。*The Coming China Wars*（Pearson FT Press, 2006、邦訳『米中もし戦わば』赤根洋子訳、文藝春秋、二〇一六年）、*Death by China*（中国による死、共著）（Pearson Prentice Hall, 2011）などの著作を相次いで出版し、中国政府が人民元を不当に切り下げ、安全性の疑わしい製品を米国市場に売り込んでいるとして、軍事費の増大や海洋進出などにも言及しながら中国の台頭に警鐘を鳴らした。

中国政府を「血塗られた無法者政権」と呼ぶなど、深い不信と敵意に彩られた彼の対中観が凝縮されたのが、自ら総監督を務め、脚本も手がけた映画 *Death By China*（2012）だ。「通貨操作」と書かれた高射砲や「不法な輸出助成」と書かれた爆撃機が米国の工場を襲撃したりするアニメーションが次々と現れ、「中国がＷＴＯに加盟した二〇〇一年以降、中国は不法な助成を受けた製品を米国市場に流し込み、それによって米国から五万七千の工場が消え、二千五百万人余りの労働者がまともな仕事に就けなくなった」と訴える。

こうしたナバロの主張に対しては、米国の雇用が失われたのは「（オートメーション化などによる）生産効率の向上で労働力の需要が減ったことが根本的な原因」（ノーベル賞経済学者のポール・クルーグマン）などの指摘があり、問題を単純化しすぎているとの批判は根強い。それでもナバロの訴えが多くの点でトランプの主張と重なり合い、トランプ支持者の心に何かしら訴えるものがあったのは確かだ。トランプは「米国の貿易問題について彼の本を読み、感銘を受けた」と語っており、打ち捨てられた工場群の姿に米国をむしばむ何かを見て取ったトランプに、分かりやすい言葉を与えたのがナバロだったのだろう。

このほかホワイトハウスでは「オルト・ライト」と呼ばれる白人ナショナリズムを支えてきたサイトの会長だったスティーブン・バノンが大統領上級顧問兼首席戦略官に抜擢された。バノンはナバロほど中国について多くを語っていないが、選挙中の二〇一六年三月にラジオ番組で中国をイスラム過激派勢力と並ぶ米国の脅威に挙げ「我々は向こう五年か十年のうちに南シナ海で戦争することになるだろう」などと発言している。

対中政策の方向を決める上では、国務省や国防総省などの主要官庁、そして議会の影響力も大きい。ナバロやバノンらがどこまでその影響力を発揮するかは未知数だ。それでもトランプの躍進によって敵意に縁取られたナバロらの極端な中国観が注目を集め、ホワイトハウスに持ち込まれたことは、米中関係の今後に不穏な影を投げかけている。

タカ派の対米観

では、中国は米国をどう見ているのだろうか。海洋問題などを巡る強硬な動きは、「新型大国関係」を唱え、米国との衝突を避けようとする外交路線とは別の力学が共産党政権の内側で働いていることをうかがわせる。その一端を示すような映像が二〇一三年、インターネット上に流出した。

「較量無声《こうりょうむせい》」（声なき抗争）と題した約九十分の思想教育用の映像で、人民解放軍の幹部を育てる中国人民解放軍国防大学が同年六月に製作した。中国のネット上からはまもなく削除されたが、軍の中枢幹部や国防大幹部らが登場していることから、軍のお墨付きの下で製作されたのはほぼ間違いない。軍の幹部や候補生向けに編集されたと見られるその内容は、外国人にはなかなか聞こえてこない共産党政権内部の保守派の生々しい本音を聞くようで興味深く、示唆に富む。

映像は「中国が民族の復興という偉業を実現するプロセスは、米国の覇権との闘いと不可分であり、これは人の意思では避けることのできない百年単位の闘争なのである」という言葉で始まる。ソ連の崩壊をもたらしたのは、経済的な影響力や文化、価値観などを浸透させることで相手国の政権転覆を謀る米国の「和平演変《わへいえんぺん》」の企てだったと断じ、二〇一一年に中東各国で民主化を求めた学生らが次々と独裁政権を倒した「アラブの春」の背後にも米国からの働きかけがあったと強調する。そして中国の官僚や学者もそうした米国の政治工作の標的になっており、民主活動家やNGO、チベットやウイグルなどの少数民族問題の背後には常に米国の影があると警鐘を鳴らしている。

人民解放軍の上将（大将）でもある劉亜洲《りゅうあしゅう》国防大学政治委員（当時）は自らが企画責任者を務めたこの映像の中で「米国にとって、中国を徹底的に抑えつけるのか、関与を通して改造していくのかは、はっきりと答えを出さなければならない戦略的な選択だった。和平演変でソ連を崩壊させるという空前の勝利を手にした米国のエリートたちは、慎重な検討の末、大胆にも後者の道を選んだ。中国を彼らが主導権を握る国際的な政治経済のシステムに取り込むことでのみ、彼らの都合の良いように中国を分裂、瓦解させることができると考えて

図 1-3　「較量無声」で語る劉亜洲（You Tube より）

いるからだ」と語っている。

軍中枢幹部が、冷戦時代のイデオロギー対立そのままの陰謀論的な対米観を語る姿は衝撃的だ。劉は李先念《りせんねん》元国家主席の娘婿で、軍を代表する「紅二代」の幹部の一人であり、習が軍に関わる問題でしばしば意見を求めてきたとも言われる人物だ。劉のような対米観が党や軍の中

でどれだけ共有されているのかは分からないが、そういう思想信条を持つ勢力が現に存在し、それを率いる人物が習と話ができるような立場にいることの意味は小さくない。

忍び寄るトゥキュディデスの罠

習指導部が発足した年に米国で製作されたナバロの *Death By China* と、その翌年に中国でつくられた「較量無声」。双方の政権に潜む敵意と猜疑心《さいぎしん》を映し出しているという点で、それらは共鳴しているように見える。その文脈で思い出されるのが、二〇一五年九月、国家主席として初の公式訪米に臨んだ習が、最初の訪問地シアトルでの講演で語った言葉だ。

「お互い色眼鏡で相手を見るのをやめよう。この世にはもともと「トゥキュディデスの罠」が存在しているわけではない」。

トゥキュディデスとは、古代ギリシャの強国スパルタと新興国家アテネの対立から衝突までのプロセスをひもといた歴史家の名前だ。キューバ危機の分析などで国際的に知られるハーバード大学のグレアム・アリソン教授は、既存の大国が勃興《ぼっこう》してくる国に抱く過剰な脅威と疑念が、双方の衝突を避けがたいものにするという摂理を「トゥキュディデスの罠」と呼んだ。アリソンは将来の衝突を避けるために何が必要かを問うために「トゥキュディデスの罠」を提唱したのだが、この言葉は米国が中国に抱く脅威を象徴する言葉としても使われるようになった。トランプやナバロらの中国観は米中をその罠に落とし込む恐れがあるのではないか。アリソンは私の質問に、「中国との破滅的な戦争は望まないという米国の意思には固いものがある。しかし、既存の大国が新興国の脅威を誇張し、相手の振る舞いの背後に隠された陰謀を読もうとするという意味において、トゥキュディデスの罠に近づいている。米国防総省や情報機関でも中国の脅威は大きく膨れあがっており、ほとんど中国のことなど言及されることがなかった十年前と比べてもその傾向は明らかだ」と語った。

関係の厚み

しかし、米中関係は政権の意向だけで決まるわけではない。

国交正常化以来、米国の歴代政権は、中国の改革開放を支持して経済発展を促し、国際社会の一員として迎え入れることが双方の利益と世界の安定につながるという認識に基づく「関与政策」(Engagement Policy)を対中政策の基本に置いていた。そうしたアプローチが貿易額六千五百九十四億ドル、行き来する人の数が一日平均一万三千人(ともに二〇一五年)という数字が示す両国の分厚い関係を生み出したのは間違いない。

トランプが予備選を勝ち抜いた後の二〇一六年六月、米シンクタンクのシカゴ外交問題評議会が全米の約二千人を対象に行った世論調査では、中国に対して「協力・関与を続けるべき」と答えた人が六十三％で、「抑え込むべき」とした三十三％を大きく上回った。調査を行ったカール・フリードホフ研究員は「一般的な世論は、米中関係を比較的良好で安定しているととらえている。より深刻な脅威はロシアやイランや北朝鮮であり、中国を敵とはとらえていない」と分析する。

世界史的な視点で米国と中国の力関係を眺め、その変化を受け止めようとする声もある。ハーバード大学のジョセフ・ナイ教授は、ビル・クリントン政権で国防次官補を務め、その後も米国外交に影響力を及ぼしてきた。二十世紀初頭に英国が衰退した後、しばらく国際秩序の担い手が現れなかったことが世界恐慌や第二次世界大戦につながったという見解を踏まえ、これからは米中が協力しながら今ある国際秩序を守っていくべきだと主張している。

その真意を尋ねると、彼は「中東への影響力に限界があることを見ても分かるように、中国が自分だけで国際秩序を守ることはできない。中国自身が世界貿易機関（ＷＴＯ）などの支援を受けてきた既存の国際秩序の受益者であり、彼らはそれをバラバラにしようとは思わない。そこに米中が協力する余地が出てくる」と語った。

中国を国際秩序の担い手として導くという考え方は、ブッシュ政権時代の「ステークホルダー」に通じ、歴代政権の「関与政策」の流れに位置づけられるものだ。米中の協調を唱えるナイの立場は「国際社会で中国が米国に匹敵する力をつけるには少なくとも数十年かかる」という分析に基づく。彼の観察の根本にあるのは、米国の底力への静かな自信だと私は感じた。国家の強さは軍事力や経済力だけでなく、文化や価値観などの「ソフトパワー」によって支えられているとの主張でも知られるナイは、パワーバランスの過渡期こそ、相手を強く見過ぎたり過小評価したりせず、忍耐強く向き合うべきだと指摘する。

秩序づくりへの意欲

では、中国は自分たちの力と立ち位置をどう自覚しているのだろうか。

トランプの大統領就任式を三日後に控えた二〇一七年一月十七日、習近平はスイスのリゾート地ダボスにいた。世界各国の指導者や国際企業のCEOらが集まる「世界経済フォーラム」の年次総会(ダボス会議)に、中国の国家主席として初めて参加するためだ。政財界のリーダーが世界の課題を語るこの会議で、習は「我々は明確に保護主義に反対しなくてはならない。貿易戦争は互いを傷つけるだけだ」などと述べた。自国の産業保護に重きを置くトランプの米国を牽制していることは明らかで、習は「中国は改革開放を引き続き推し進めて、開かれた世界経済の推進力となる」と訴えたのだった。

習が演説をしたのは、奇しくも英国のメイ首相が欧州連合（ＥＵ）からの完全離脱を正式に表明した日でもあった。英有力紙『フィナンシャル・タイムズ』の記者は、雪に覆われたダボスからの動画で「トランプ大統領や欧米の政治家たちがグローバリズムの価値に疑問を投げかけているその時に、習近平は中国がリベラルな貿易秩序を守ると語りました」と伝えた。

資本取引などに多くの規制を残し情報統制を強めている中国のそうした訴えを、国際社会が額面通りに受け止めたとは言いがたい。しかし、習は翌日もジュネーブの国連欧州本部で「人類運命共同体」をテーマに演説した。そこで習は「人類は大きな発展と変革、そして調整の段階を迎えている」と述べ、地球と人類の未来を守る「中国の提案」として、公正で合理的な国際秩序の構築、「核なき世界」の実現、開かれた国際経済秩序の構築、そしてトランプが後ろ向きな気候変動対策の国際合意である「パリ協定」の推進などを呼びかけた。世界が「パックス・アメリカーナ」と呼ばれる時代の曲がり角を意識する中、世界の秩序を守るという中国の自負と意欲をはっきりと打ち出したのである。

新領域の覇権争い

中国が新たな国際秩序の構築に関わっていくというメッセージを、世界に向けて本格的にアピールするようになったのは、二〇一五年、習の国家主席としての初の公式訪米だったと言ってもいいかもしれない。習はまず、前年十一月に訪中したオバマ大統領との間で、思い切った温室効果ガスの削減目標に合意した。

これを弾みにし、習の訪米では、米中が世界的な課題で手を取り合い主導的な役割を果たす時代の到来を印象づけようとした。中国は、米国との長年の火種となっていたサイバーセキュリティー問題でかわしつづけていた批判に向き合い、歩み寄る方針に転じた。その結果、両国は軍や政府による諜報活動に絡む問題は棚上げしつつ、民間のサイバー犯罪の抑止で協力することで合意した。中国は会談に前後して米国へのハッキングを行った疑いのある国内の容疑者を摘発したとも米側に伝え、合意が形だけではないことを示そうとした。習はオバマから「この領域で互いの協力は深められると信じる」という言葉を引き出し、米中の新たな協同分野としてアピールしたのである。

技術の革新が続くサイバー空間は、欧米の主導する世界秩序が固まっていた政治や経済などの世界と異なり、国際的なルールが十分に確立していない分野だ。いわば更地に大きなビルを建てる作業が始まったばかりであり、新興国にもそこに参画する余地がある。

清華大学国際関係学部の趙可金《ちょうかきん》副教授は習の訪米を前にした取材で、中国はサイバー空間に限らず、宇宙や極地開発などの新領域でも国際ルールづくりを主導していく決意を固めていると指摘し、「今後、両国の力の差が縮まっていく中で先鋭化するのは、相手の制度や発展モデル、価値観を認められるかという問題だ。両国は具体的な利益の争奪より、世界がどのようなルールに従うべきかという、国際秩序を巡る争いの局面に入っている」と話した。

図 1-4　サイバー問題などで合意し，共同会見する習近平とオバマ（2015 年 9 月）

習はオバマとの首脳会談が終わるとすぐにワシントンからニューヨークに飛び、ナイジェリアやバングラデシュなどの発展途上国の首脳と次々と会談した。そして国連総会で国連安保理常任理事国としての中国の一票が「常に発展途上国のためにある」と訴え、発展途上国の「盟主」として欧米が主導する秩序の改革に臨む意欲を鮮明にした。

百年マラソン

習の訪米が終わった直後の二〇一五年十月、中国共産党機関紙の『人民日報』は、党政治局が「グローバル・ガバナンスの構造とその体制」と題する学習会を開いたと伝えた。そこで習は「我々が世界のガバナンスに参画していこうとする根源的な目的は、「二つの百年」という目標と中華民族の偉大な復興という「中国の夢」を実現するためなのだ」と話した。

ニクソン政権以来の歴代米政権で、国防総省や中央情報局(CIA)の対中政策に関わってきたマイケル・ピルズベリーは二〇一五年の著作 *The Hundred-Year Marathon*(百年マラソン)(Henry Holt and Co., 2015、邦訳は『China 2049』野中香方子訳、日経BP社、二〇一五年)でこう述べている。

「〔中国の対米〕タカ派は毛沢東以降の指導者の耳に、ある計画を吹き込んだ。それは、「過去百年に及ぶ屈辱に復讐すべく、中国共産党革命百周年にあたる二〇四九年までに、世界の経済・軍事・政治のリーダーの地位をアメリカから奪取する」というものだ。この計画は「百年マラソン」と呼ばれるようになった」(野中訳、〔 〕内は引用者による補足)。

「アメリカはこのマラソンの敗者になろうとしている」と述べたピルズベリーの著作は、国際秩序を巡る中国とのせめぎ合いが本格化する時代の幕開けを広く世界に印象づけた。

確かに習指導部の下で、中国は世界のあり方をデザインしていくことへの意欲を隠そうとしなくなった。受け止める米国にとっても、それは経験のしたことのない挑戦になりつつある。

しかし、習指導部はその「夢」を叶えるうえで欠かせない対米関係の方向づけをオバマ政権との間で果たせず、胡錦濤指導部から託された「新型大国関係」の呼びかけも実を結ばなかった。異例ずくめのトランプ政権と、両国関係の青写真を描けるのか。その成否は、次節に見る海洋戦略の行方とも絡んで世界の趨勢を左右することになる。

第二節　海への野心

尖閣を巡る対立の経緯

先行きの見えない米中関係の中でも、深刻な衝突のリスクをはらむのが東シナ海や南シナ海の海洋権益を巡る問題だ。二〇一七年一月、トランプ政権はＴＰＰからの「永久離脱」を宣言したものの、最初の日米首脳会談では「アジア太平洋地域において厳しさを増す安全保障環境の中で、米国は地域におけるプレゼンスを強化する」という共同声明を発表し、軍事面での関与はむしろ強めていく姿勢を示した。それに先だって訪日したジェームズ・マティス国防長官は「東シナ海と南シナ海で中国が挑戦的な行為をより強めている」と踏み込み、中国の海洋進出を北朝鮮の核問題と並んで地域の重大課題と位置づけていることも鮮明にした。

そうした緊張が先鋭化している現場の一つが、東シナ海に浮かぶ沖縄県尖閣諸島(中国名・釣魚島)だ。二〇一二年九月の日本政府による国有化以降、中国は尖閣周辺にその公船や漁船が出入りする状態を「常態化」させて日本の実効支配を切り崩そうとしており、そのやり方も次第にエスカレートしている。

日本政府は否定しているが、中国は一九七二年の日中国交正常化に向けた交渉で、尖閣諸島を巡る領有権問題についての「棚上げ合意」があったと主張する。それにもかかわらず日本政府は国有化でその合意を破ったのだから、中国も実力で主権を守るのは当然である――というのが彼らの理屈だ。

近代以前に日中双方が尖閣諸島にどう関わっていたのか、日清戦争の前後から日本がどのように支配を築いたのか、国交正常化交渉で田中角栄首相と周恩来首相がどんなやりとりをしたのかなどについては様々な議論と研究があり、ここでは立ち入らない。

ただ、記者としてこの問題が深刻になっていくプロセスを見ていた実感で言えば、国有化の半年前に石原慎太郎東京都知事(当時)が呼びかけた尖閣購入の動きがあり、そのための募金が大方の予想を上回る規模で集まった伏線として、二〇一〇年の尖閣沖の漁船衝突事件があった。海上保安庁の巡視船に体当たりしてきた中国漁船と船長の不遜《ふそん》な態度、その後、日本向けのレアアースの輸出に規制をかけたり、軍事管理区域に入ったなどとして日本のゼネコン社員を拘束したりした中国のやり方に反発を抱いた日本人は多く、一連の事件が日本人の対中認識に与えた影響は大きかった。

さらに言えば、二〇〇八年十二月には中国の海洋調査船二隻が尖閣諸島の日本領海に初めて侵入する事件が起きていたし、一九九二年には中国が領海法を制定し、一方的に尖閣諸島の領有権を主張し始めていた。「現状を先に変えたのは日本だ」という中国の主張を受け入れがたいのは、こうした長年にわたる事件や駆け引きの積み重ねがあるからだ。

党が緩めた手綱

尖閣諸島を巡るこうした確執の中で、共産党政権の立場や戦略も一貫していたわけではない。私は二〇〇五年から〇八年までの香港特派員時代、香港と台湾に拠点を置く活動家グループ、「保釣行動委員会」の動きを取材した。彼らが尖閣諸島を巡る中国や台湾の主権を主張するために毎年のように抗議船を尖閣に出そうとし、日中間の大きな懸案になっていたからだ。

その頃、中国の国政諮問機関、中国人民政治協商会議全国委員会(全国政協)の委員で、グループの資金的な後ろ盾と言われていた香港人実業家から、私はこんな証言を聞いた。

二〇〇七年の秋、尖閣への出航を計画していたグループの幹部が中国外務省の香港出先機関から呼び出しを受け、上海に行くように言われた。飛行機代も宿泊代も中国外務省が持つ形で上海のホテルに向かったメンバーたちを待ち受けていたのは、北京から来た外務次官だった。季節はちょうど上海ガニのシーズン。次官はテーブルに盛られたカニを勧めながら、「みなさんの愛国心は尊いが、大局も見なければならない」と諭した。日中国交正常化三十五周年だったその年、北京と東京の間では穏健な対中姿勢で知られる福田康夫首相の訪中が検討されていた。そのさなかに余計な火種を持ち込むなというのが中国外務省のメッセージだった。

小泉純一郎首相の靖国参拝などで冷え込んだ日中関係が次第に改善しつつあったその頃、中国政府がグループの活動にブレーキをかけようとする動きはほかにもあった。香港に入ろうとする中国本土のメンバーを地元の警察が拘束したり、グループの船に構造上の問題があると言って香港海事当局が出航を差し止めたりしていた。

ところが、日本政府による尖閣国有化の動きが見えていた二〇一二年八月には、中国と香港の当局は抗議船の出航をあっさり認め、活動家たちは尖閣諸島の魚釣島に上陸した。抗議船には中国本土でも視聴できる香港フェニックステレビの記者が乗り込み、海上保安庁の船に追われる様子や、日本の警察に逮捕されて強制送還されるメンバーたちの様子を興奮気味に伝えた。中国当局が香港の活動家らに対する「手綱」を緩めたことで、尖閣諸島を巡る中国の庶民のナショナリズムが堰を切ったように膨れあがるのを私は北京で感じていた。それは九月の尖閣国有化の後、中国各地で暴力的な反日デモとなって爆発し、日中関係に癒やしがたい傷を残したのである。

南シナ海という最前線

石原東京都知事が尖閣購入計画を打ち上げたちょうどその頃、南シナ海では後に国際社会を巻き込む大きな対立の幕が開かれようとしていた。二〇一二年四月、フィリピン北部の沖合約二百五十キロメートルにあるスカボロー礁(中国名・黄岩島)で、中国漁船を取り締まろうとしたフィリピン当局の船を中国国家海洋局の監視船が妨害し、双方が二カ月以上にらみあう事態になったのである。この事件は、南シナ海で年々操業範囲を広げていた中国漁船の動きを政府としても容認し、むしろ支えていくという中国の意思をはっきりと示すものだった。翌二〇一三年一月、フィリピンが国連海洋法条約に基づいて国際裁判所に仲裁を訴えたのは、南シナ海進出の「ギア」を上げた中国への対抗措置にほかならなかった。

これに対して中国は、フィリピンとの対立の根本は領土と主権に関わる問題で、同条約によって裁かれるものではないとして、裁判には参加せずその結果も受け入れないとの立場を取った。裁判は被告不在のまま進み、二〇一六年七月、仲裁裁判所は中国の主張する権利をほぼ全面的に否定する判決を出した。

この間、中国が裁判の進行と並行するように推し進めたのが、スプラトリー諸島(中国名・南《なん》

図 1-5　南シナ海の島々と九段線（山本秀也『南シナ海でなにが起きているのか』（岩波ブックレット，2016 年）より一部改変）

沙《さ》諸島）の岩礁の埋め立てだ。二〇一四年二月にジョンソン南礁（同・赤瓜《せきか》礁）で工事が始まっているのをフィリピン軍が確認したのを皮切りに、クアテロン礁（同・華陽《かよう》礁）、ファイアリー・クロス礁（同・永暑《えいしょ》礁）などに中国の浚渫《しゅんせつ》船が出入りし、急ピッチで埋め立てが行われていることが次々と明らかになった。二〇一六年の米国防総省の年次報告によると、この間に中国が行った埋め立てはスプラトリー諸島の計七カ所、面積は東京ディズニーランド二十五個分の千二百九十四ヘクタールに及び、造成した人工島には滑走路や灯台なども建設された。ミスチーフ礁(同・美済《びさい》礁)やスビ礁(同・渚碧《しょへき》礁)の滑走路やジョンソン南礁で確認されたレーダー施設などは、中国が南シナ海に防空識別圏を設ける布石ではないかという強い疑いを国際社会に抱かせた。

二〇一五年十月、こうした動きに再三、強い懸念を示していた米国が動いた。「航行の自由作戦」と称してスビ礁の沖合十二カイリ内に海軍のミサイル駆逐艦ラッセンを送り込んだのだ。中国から見れば「領海侵入」に当たるが、米国はあえてそうすることで中国の一方的な主張と振る舞いを認めないという姿勢を示し、南シナ海は中国と周辺国にとどまらず、米中両大国の戦略と思惑がぶつかり合う対立の最前線となったのである。

受け継がれてきた「宿願」

この間の動きは習近平指導部が掲げる「海洋強国」を目指す取り組みにほかならないが、共産党政権の海洋権益に対する野心は、習指導部の発足よりずっと前から示されていることを押さえておく必要がある。

米国との「新型大国関係」と同じく、「海洋強国」という言葉も習指導部の発明ではない。

それは胡錦濤総書記の時代の軍や政府の公式文書にも現れていた。胡指導部時代の二〇〇九年に軍は国産空母の建造計画を固めて翌年の「海洋発展報告」で公表していたし、国家海洋局も二〇〇六年ごろから中国が管轄権を主張する海域でのパトロールを繰り広げ、前述したように〇八年十二月には尖閣諸島の日本領海に海洋調査船が侵入した。

中国政府が制定した領海法で尖閣諸島やスプラトリー諸島を自国の領土だと主張し、関係国を驚かせたのは江沢民指導部時代の一九九二年である。さらに言えば、中国は一九八八年にジョンソン南礁でベトナムと交戦したほか、ベトナム戦争のさなかの一九七四年には、パラセル諸島(中国名・西沙《せいさ》諸島)の支配を巡って南ベトナム軍の艦隊と砲火を交えてこれを撃退した。中国海軍に詳しい米シンクタンク「戦略予算評価センター」(ＣＳＢＡ)のトシ・ヨシハラ上級研究員はこのパラセル海戦が「南シナ海でのプレゼンスを確立し、拡大しようという中国の数十年にわたる取り組みの始まり」だと指摘する。今日の東シナ海と南シナ海を巡る対立の火種はこの頃すでにまかれていたのであり、習指導部の強硬な海洋政策は、歴代指導部が積み上げてきた大きな戦略が国力の後ろ盾を得て、いよいよ具体化したものととらえた方がいい。

「国恥地図」が示す理屈

南シナ海問題で中国がしばしば強調するのが、南シナ海の島々は先の大戦で旧日本軍に占領されたが日本の敗戦によって中国が取り戻した、という主張だ。こうした中国のロジックは、尖閣諸島を巡る彼らの主張とほぼ一致する。尖閣諸島は日清戦争前後の混乱に紛れて日本が不法に占拠したが、第二次世界大戦の結果、カイロ宣言に基づいて中国が取り戻した、という言い分だ。

中国は、戦後も文化大革命などの政治混乱で海の経営に乗り出す余裕が持てぬまま、東シナ海では日本の、南シナ海ではフィリピンやベトナムなどの実効支配を許したと考えており、そうした政府の説明は中国国内では説得力をもって広く受け入れられている。つまり、中国が南シナ海と東シナ海で実効支配を築き、強めようとする動きは、資源や安全保障上の戦略を超え、「奪われた海」を取り戻すという国家復興の物語として語られているのである。

図1-6は中華民国時代、欧米列強の侵略と軍閥など国内勢力同士の争いが続いていた一九二七年に中国の出版社が発行した地図である。香港中文大学の図書館に保管されていたのを、英国の国際政治学者ウィリアム・キャラハンが見つけて自著 *China: The Pessoptimist Nation*（中国　悲観／楽観主義国家）(Oxford Univ. Press, 2010) で紹介した。

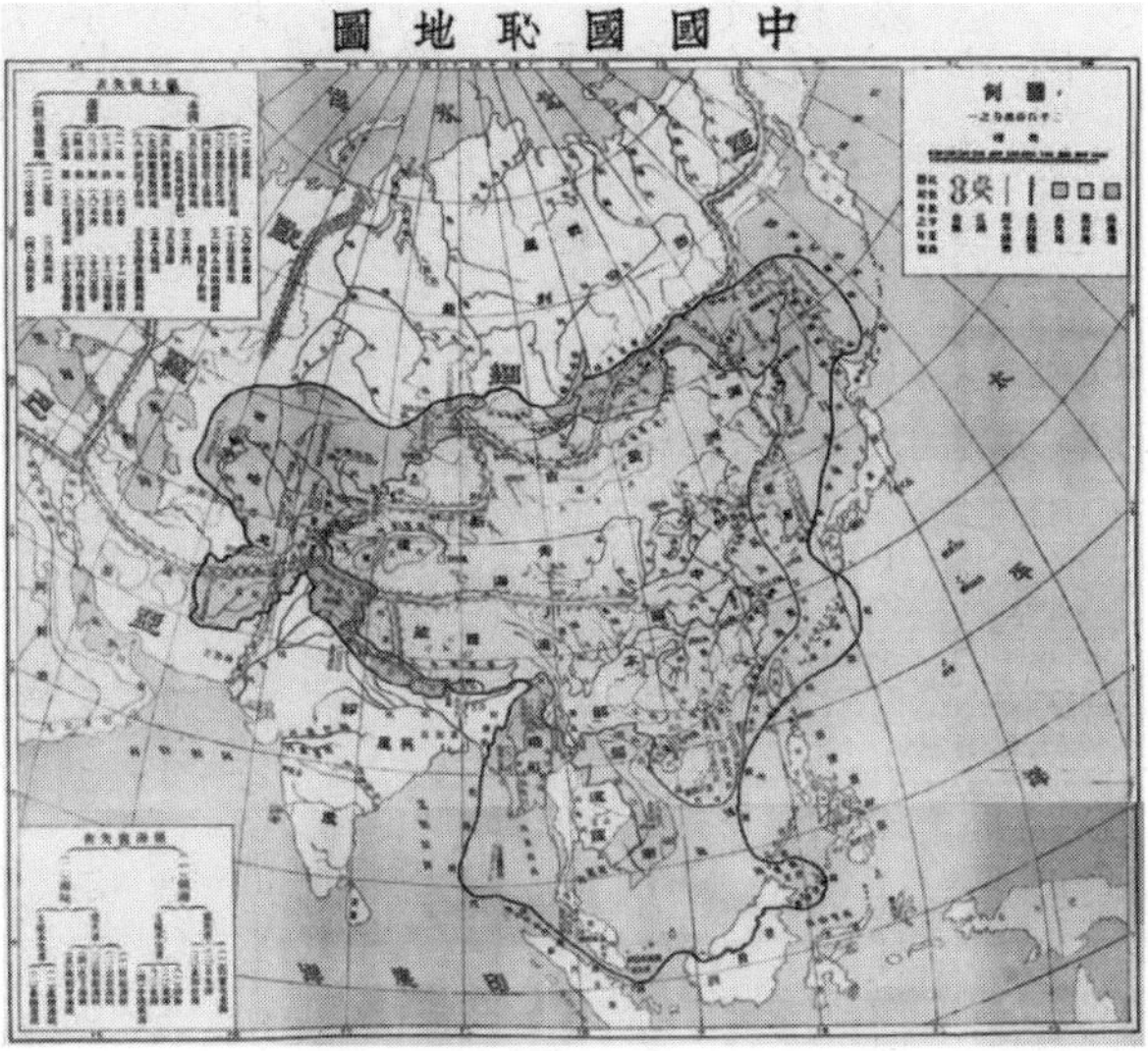

図 1-6　1927 年発行の「中国国恥地図」(キャラハンの著書より)

「中国国恥地図」という名前自体にも驚かされるが、何よりも目を奪われるのはアジアの大半を包み込む実線である。時代を特定しないまま「かつての国境」と説明しているが、北はシベリア南部や樺太、東は朝鮮半島、沖縄、台湾を取り囲み、南はボルネオ島北部やマラッカ海峡、ネパールあたりをかすめて、西はアフガニスタンやカスピ海東岸の中央アジアまで囲い込んでいる。

キャラハンによれば、かつて中国が誇った広大な版図が列強の支配によっていかに失われたのかを伝えようとするこうした地図は、辛亥革命を経て中華民国ができた頃から、日中が全面戦争に突入した一九三七年までの時代に盛んにつくられた。発行元は政府系機関や民間出版社など様々だが、学校などでの愛国主義教育で使うことを想定しているせいか、かなり大きなサイズのものが多い。その指し示す版図もまちまちで、「漠然とした王朝の領土領域と(近代の)国際システムにおける国境という、まったく異なる空間の解釈」(前掲書)がない交ぜになっており、地図としての信頼性は論外というべきだが、「国恥」という言葉と合わせて当時の中国を覆っていた気分を伝える資料である。

王朝の記憶と「九段線」

私は二〇〇六年、世界に進出する中国人労働者の取材でロシア沿海州を訪れた。「国恥地図」でかつての中国の版図に含まれている地域である。北京五輪を控えた経済成長著しい頃で、木材需要を国内では満たせず、中国企業が労働者ごとロシアに進出しているという話だった。実際、ウラジオストクから車で一日かかる森林の奥深くにも中国からの出稼ぎ労働者たちが住み込み、酷寒の中で仕事をしていた。

国境を越えてあふれ出る中国の勢いを目の当たりにするようで圧倒されたが、その時の取材で、もう一つ印象的だったことがある。現地の中国人たちが地元の地名をロシア語ではなく、中国語で呼んでいたことだ。ロシアの地名を中国語に音訳したものではなく、ウラジオストクは「海参崴《ハイシェンワイ》」といった具合に、中国語の意味を持つ地名だった。一八六〇年、沿海州は北京条約でロシアに割譲されたが、現地の中国人たちの呼び名は、それ以前、中国の王朝の支配が及んでいた頃の名残だという。

広大な地域に勢力を広げた王朝時代の記憶は、その意味するところには個人差があるとはいえ、現代を生きる中国の人々にも受け継がれていると考えていいだろう。人が民族の歴史を思い、自らのルーツを探るのは自然なことだが、独自の歴史観が指導者の言動や実際の政策に色濃く反映され、他国との摩擦や対立を呼ぶとなると話は別だ。

中国共産党政権がその傾向を如実に示したのが二〇〇九年、マレーシアとベトナムが国連の委員会に大陸棚の延長を申請したのに反論する形で行った主張だった。中国は中国南部の沿岸から南シナ海のほぼ全域を取り囲む「九段線」(九つの破線。六三ページの図1-5参照)を示した地図を提出し、その内側の「管轄権」を国際社会に訴え始めたのだった。

「九段線」は共産党政権が成立する前の一九四七年、当時の中華民国がつくった地図に掲載されたのが始まりとされる(当時は十一段線)。その後、その存在が国際的に話題になることはほとんどなかったが、胡錦濤指導部はその「九段線」が何を根拠に引かれ、どんな意味を持つものなのか明確にしないまま、その内側の海域での権益を主張し、外国船の取り締まりなどの動きを強めるようになったのだった。

その形状から「牛の舌」とも言われる九段線が、「国恥地図」に描かれたような王朝時代の版図の概念と深く関わっているのは容易に想像がつく。それは一九八二年に採択された国連海洋法条約はもとより、近代以降の領土や主権の概念とも相いれない異質な世界観というほかない。それをいきなり周辺国に押しつけるような中国の海洋政策に、国際社会が当惑し、懸念を深めるのは当然だ。先述のようにフィリピンの訴えを受けた仲裁裁判所は二〇一六年七月、この九段線の内側の海域を中国が「排他的に支配してきた証拠はない」とし、その主張を全面的に退けた。しかし、中国は仲裁裁判所にこの問題を裁く権限はないなどとして、判決の受け入れを拒んだ。習指導部が「奪われた海」を取り戻すという物語を捨て、強硬な海洋政策を見直す兆しは見えていない。

硬軟使い分け

仲裁裁判所は中国の「全面敗訴」に近い判決を下したが、そのわずか二週間前にフィリピンの大統領に就任したドゥテルテは、鋭く中国と対立したアキノ前大統領の路線を一転させ、極端とも言える言動で「反米親中」ぶりを示し始めた。外交筋によると、その裏にはかつてフィリピン大使を務めた宋濤《そうとう》共産党中央対外連絡部長らを中心とする中国の働きかけもあったが、仲裁裁判所の判決直前にフィリピンで六年に一度の大統領選が行われ、当選した大統領が南シナ海問題の争点化を避けたことは、中国にとっては大きな僥倖《ぎょうこう》だったといっていい。中国がこの年最大の外交日程として重視していた杭州でのG20が九月に迫っており、国際社会から孤立すれば、ホストとしての体面が保てなくなる恐れがあったからだ。

フィリピンの軟化を追い風に、中国は東南アジア諸国連合（ＡＳＥＡＮ）の中国寄りの国々を取り込み、ＡＳＥＡＮと日米が声を合わせて中国を批判する事態を防ぐことに成功した。「ページはすでにめくられた」（王毅外相）と判決を巡る対立の幕引きを図り、G20では経済を中心に世界との調和を図り、責任ある大国としての役割を果たすというメッセージを盛んに発したのである。

オバマ米大統領や日本の安倍晋三首相らとも会談した習近平は、演説で「中国は勢力範囲を広げたいのではなく、ほかの国々と一緒に発展したいと思っている。自分の裏庭をつくるのではなく、それぞれの国が共に楽しめる花園をつくりたいのだ」と融和姿勢を打ち出した。

習の呼びかけは、南シナ海での振る舞いを目の当たりにしてきた国々には空々しくも響いただろうが、習指導部の対外戦略の一つの方向として、経済的な実利に基づく他国との協調路線があるのは事実だ。

習指導部は二〇一三年十月、党中央の主要幹部のほか外務省や軍、地方政府の幹部、各国に派遣している大使らを集めた「周辺外交工作座談会」を開いた。新指導部の外交方針を固めるこの重要会議で、習は「親(親密)、誠(誠実)、恵(互恵)、容(寛容)」を柱とする「周辺外交」という考え方を打ち出し、「中国の夢」を実現するために、この方針を推し進めると述べた。この時、習が使った「奮発有為」(成果を期して勇んで事を為す)という強い言葉が、鄧小平以来の「韜光養晦《とうこうようかい》」(能力をひけらかさず、力を養う)を旨とする外交路線からの転換を示したとも言われたが、周辺外交の理念自体には「発展のための良好な環境を整えるため」(習)に近隣諸国との関係を丁寧に組み立て直すという狙いが込められていた。「周辺外交」は、その後の公式文書でも米国との「新型大国関係」より先に言及されるほどの重要な外交方針になり、後に打ち出された陸と海のシルクロード経済圏構想「一帯一路」を支える外交的理念になった。

二〇一六年十月、初めて公式訪問したドゥテルテ大統領を中国が手厚くもてなし、フィリピンの求める鉄道や港湾建設などへの協力や九十億ドルを超える融資を約束する姿に、かつて中国の皇帝が、恭順を示す周辺諸侯に多大な見返りと権威を与えた冊封《さくほう》体制の残像を見た人もいただろう。

対外政策を貫くもの

しかし、海洋権益を巡る強硬路線と、「周辺外交」がまとう融和姿勢のギャップは他国を困惑させ、いったい中国はどんな国になろうとしているのかという疑念を深める原因になっている。これについては、主権や海洋権益を重んじる軍や海洋当局と、国際社会との安定した関係を必要とする経済官庁や外交当局との綱引きによるものだという説明も可能だ。しかし、政権運営の方向性や国家的な危機管理に影響する大事な判断は共産党指導部に委ねられるのが中国の政策決定の仕組みであり、とりわけ権力の集中を進める習の戦略思考の中で、それらがどう位置づけられ、最終的な判断が下されるのかがより重要だ。

外交問題、特に対米政策で党中央に意見を求められる立場にある中国の大学幹部は「外交問題の専門家の多くは、南シナ海の現状が最善だとは思っていない。しかし、南シナ海問題に限っては党から一切問い合わせがなく、仲裁裁判所の判決後もその状況は変わっていない。党指導部に迷いがなく、方針が固まっている証しだ」と明かす。これは南シナ海問題を巡る政策が習本人の固い決意の下で推し進められていることを示唆する証言だ。

尖閣問題で日中の緊張が最も高まっていた二〇一三年春、私との面会に応じた党中央委員は「主権と領土を巡る毅然とした対応が民意の高い支持を集めているという報告が党中央に上がっている。釣魚島（尖閣諸島の中国名）の問題は譲歩したら政権がつぶれる。そういう問題なのだ」と話した。

『人民日報』によれば、習は二〇一五年十月、訪英前のインタビューで南シナ海問題について「自国の領土以外の土地を要求することは拡張主義だが、中国は一度もそんなことをしたことはなく、疑念や批判を受けるいわれはない」と述べており、争点になっているのはあくまで、中国が他国に「奪われた海」であるという強い信念をうかがわせている。そして習が繰り返す「我々は面倒を起こすつもりはないが、面倒を恐れることもない。領土と主権については断固これを守る」という言葉は、南シナ海や東シナ海の問題が共産党政権にとって妥協の余地のない、他国との関係や外交上の損得とは別次元の問題だという立場の表れのように聞こえる。

シンガポール建国の父と言われる故リー・クアンユーが中国共産党の歴代指導者と深い親交を重ねていたことは序章でも述べた。習も二〇〇七年に訪中したリーと会談し、リーから「ネルソン・マンデラ級の人物」と高い評価を受けている。

そのリーは二〇一一年六月、グレアム・アリソン教授らのインタビューで「彼らの思考の核心にあるのは、彼らが植民地化され、搾取と屈辱を受ける以前の世界である」と述べている。植民地支配とその後の混乱の中で「奪われた海」を取り戻すという彼らのロジックは、こうした指摘と一致する。

リーはまた、「中国語で中国とは「中華」のことであり、それは彼らがこの地域で支配的な地位をしめる世界を想起させるものである」として、王朝時代の冊封体制のように中国が圧倒的な力と存在感でアジアに屹立《きつりつ》し、周辺国がその威光に従う世界への憧憬が中国の指導者に残っていることを示唆している。その冊封体制のイメージと、圧倒的な経済力を背景に周辺国を引きつける「周辺外交」や「一帯一路」の間に響き合う部分を見いだすのは難しいことではない。

二つの顔を持つ竜のようにとらえがたい習指導部の対外政策だが、そうした歴史的な背景や使命感を補助線にすると、その目指すところがおぼろげながら浮かんでくるようにも思える。

第三節　日中の地殻変動

反日デモ

私が北京で仕事をした二〇一二年から四年余りは、尖閣諸島を巡る対立と歴史問題で日中関係が「国交正常化以来、最悪」と言われるまで落ち込み、先の見えない緊張感を抱えながらも、わずかずつながら改善の兆しが見えてきた時期にあたる。

尖閣国有化の後に中国各地に広がった反日デモの激しさと、それが双方の国民感情に与えた傷の深さは改めて説明するまでもないだろう。長年、中国に根を張り、地域の発展や雇用に貢献してきた日系のスーパーや工場が襲われたし、陝西《せんせい》省西安では日本車に乗っているからという理由で中国人が凶器で殴られる事件まで起きた。「愛国ナショナリズム」の危うさに世界は震撼し、心ある中国の人々も眉をひそめ、胸を痛めていた。

私や家族の周囲の人々は「政治の話はしない」という節度を持って接してくれ、私たちは身の危険を感じることはなかったが、タクシーに乗って運転手に「どこから来た」と聞かれれば、不愉快な目に遭わないように「韓国」と答えておくといった緊張感は漂っていた。デモが落ち着いた後も、北京の書店からは村上春樹をはじめとする日本の作家の作品が消えたままだった し、本来、領土を巡る対立とは関係のない地方自治体や青少年の交流なども次々と中止された。それらは共産党や政府が指示したというより、日本に関わることで余計なリスクを負いたくないというそれぞれの現場の判断による面も大きいように感じた。しかし、社会に広がったそうした空気が、かえって日中間に横たわる問題の根深さを示しているようにも思え、何がそうさせるのかと繰り返し考えさせられた。

その理由の一つに歴史問題があるのは間違いない。「たら、れば」に意味はないけれども、中国で取材したり生活をしたりしていると、「あの戦争さえなければ」と思わずにはいられないことがある。尖閣諸島を巡る対立も安全保障を巡る問題も、戦争の深いしこりがあるために双方が頑なになり、議論や事態が極端な方向に走りがちになるのを私は常々感じていた。

「抗日」と「反ファシズム」

「立て、奴隷になることを望まぬ人々よ」という言葉で始まる中国の国歌「義勇軍行進曲」が、抗日戦争をモチーフにしていることはよく知られている。一九二一年に生まれた中国共産党は、日本の侵略に抵抗するため、当時の国民党政権と離合を繰り返しながら、主に農村地帯でのゲリラ戦を担った。日本が降伏した後は、農民などからの支持を受けて国民党との内戦に勝ち、一九四九年に中華人民共和国を打ち立てた。

日本の侵略から祖国を守ったという物語は、改革開放以来の経済成長の実現と並び、共産党が中国を率いる最大の理由であり、政権の正統性の根拠であり続けている。愛国主義教育で、子どもたちに抗日戦争の歴史を学ばせる大きな理由もそこにある。

共産党がそのように語り継いできた抗日戦争に、習近平指導部はもう一つの意味を加え、政治的に利用しようとした。第二次世界大戦の終結から七十年目の二〇一五年に繰り広げた「反ファシズム戦争」キャンペーンがそれだ。抗日戦争を共産党と旧日本軍の戦いだけではなく、米英ソなどがナチス・ドイツと戦った欧州戦線や日米の太平洋戦争を含む世界大戦の枠組みでとらえ直し、連合国の一員としてその勝利に貢献したという立場を鮮明に打ち出すようになったのである。

この年、「中国人民抗日戦争記念館」(北京・盧溝橋)で開かれた特別展「偉大な貢献」は、共産党政権の新たな歴史観をよく物語っていた。「我々の敵は世界の敵だった。中国の抗日戦は、世界的な戦いでもあった」という毛沢東の言葉から始まり、共産党の軍の幕営に米軍の視察団が訪れたという写真や墜落した米軍機の操縦士らを中国の民衆が助けたという写真などを並べた。「世界反ファシズム戦争における中国の抗日戦争の貢献」と題した大きなパネルで「参戦した計六十一カ国の人口十七億人のうち、中国人は四・五億人、戦闘区域となった二千二百万平方キロメートルのうち、中国は六百万平方キロメートルを占める」といった数字も紹介していた。

日本の敗戦後、中国の支配を巡る国共の内戦があり、それに勝利して国民党を台湾に追いやった共産党は、その後も抗日戦争で国民党が果たした役割を認めてこなかった。しかし、新しい展示は長らくタブー視してきた国民党の軍や指導者の功績についても「中国軍」や「中国政府」の仕事として紹介し、いわば「オール中国」の戦いとして堂々と宣伝したのである。

軍事パレード

それが可能になったのは、台湾の馬英九《ばえいきゅう》政権の下、国民党との融和路線が進んでいたことや、冷戦が遠のき、米国との関係が深まっていたことなどが背景にある。いずれにしても習指導部は、中国が米英などとともに戦った連合国のメンバーであり、こうした歴史キャンペーンを行うのも「国連憲章を基礎とする国際秩序を守るためだ」(王毅外相)と強調するようになったのである。つまり、抗日戦争が「共産党が旧日本軍を破って中国を救った」という従来の国内向けの意味に加え、歴史と戦後の国際秩序の文脈において、中国は米英ロなどと同じ側にいるという世界に向けたメッセージを持つようになったと言ってもいい。

七十周年のキャンペーンが、尖閣を巡る対立や安倍晋三首相の靖国参拝などへの対抗措置としての意味を含んでいたことは疑いない。しかし、計画に関わった歴史学者たちは、一連の構想がそれ以前の胡錦濤指導部時代から動き出していたと口をそろえた。二〇〇五年にモスクワの赤の広場で開かれた「対独戦争勝利六十周年」の記念式典に胡が出席した際、米国のブッシュ大統領や小泉純一郎首相、英仏首脳やドイツのシュレーダー首相まで出席したことに中国は驚き、触発されたと話す専門家もいた。

歴史の面から中国の国際的な地位を強めようとする取り組みが、習の「中国の夢」と深く結びついていることは、九月三日、北京の天安門広場と長安街で盛大に行われた「中国人民抗日戦争・世界反ファシズム戦争勝利七十周年」の式典に端的に表れていた。欧米主要国が日本への配慮などから首脳級の参加を見送ったため、十年前のモスクワの式典の再現はならず、「反ファシズム」で世界との連帯を訴える習指導部の思惑は外れた。しかし、新鋭の兵器を誇示して中国がもはや他国に蹂躙《じゅうりん》されることはないと国民に強くアピールした軍事パレードに先立ち、天安門で演説した習は「偉大な勝利は世界における大国としての中国の地位を再び確立した。

偉大な勝利は中華民族の偉大な復興に明るい未来を開いた」と語ったのである。

安倍政権への反発ととまどい

二〇一二年九月の反日デモはその暴走への批判や懸念が広がる中、中国当局が抑制姿勢に転じたこともあり、次第に沈静化していった。しかし、それで日本に対する庶民の反発と不信が収まったわけではなかった。

日本ではその年十二月の総選挙で民主党政権が惨敗し、第二次安倍晋三内閣が発足した。安倍は初めて首相になった二〇〇六年、最初の外遊先に中国を選び、小泉前首相の靖国神社参拝問題などでこわばっていた日中関係を好転させた実績もあり、安倍政権の発足が日中関係の立て直しにつながるのではと期待する声も中国側にはあった。しかし、その後も中国は尖閣周辺への公船の派遣を続けるなど日本の実効支配に挑む構えを解かず、緊張が緩む兆しは一向に見えなかった。そんな中、第一次内閣で靖国神社参拝をしなかったことを「痛恨の極み」と述べていた安倍は二〇一三年十二月、その言葉通り、首相になって初の靖国参拝に踏み切った。中国は、日本の安全保障関連法案を巡る議論でも、安倍が中国の脅威をテコに世論形成を進めていると見て、反発を強めていった。

一般の中国の人々を困惑させたのは、その安倍が日本で高い支持率を維持しているという事実だった。日本の有権者が安倍政権に寄せる支持には「アベノミクス」を柱とする経済政策などへの期待も大きく、内閣支持率は安倍の歴史観や安全保障政策への支持とイコールではない。だが、日本の国民が中国に抱く不安や反発が安倍政権の対中姿勢を支えていた面があるのは確かだろう。その意味で、中国の人々が日本の民意の変化を感じたとしてもそれが的外れだったとも言えない。

日中双方の国民が相手に向ける視線が厳しさを増し、互いがそのことに気づき始めたことで、日中関係を支えてきた一つの柱が大きく揺らいでいるのを私は感じていた。一九七二年の日本との国交正常化の際、中国の庶民の反発を抑えるために共産党政権が唱えた「軍民二分論」という考え方のことだ。

国交正常化と「軍民二分論」

戦後、断ち切れていた日本と中国の国交の正常化が図られた背景には、中国とソ連との深刻な対立とそれがもたらした米中の急接近という国際情勢があった。しかし、中国の庶民にとって戦争の記憶はなお生々しく、毛沢東が絶対的な権威として君臨していたとは言え、日本との関係改善を受け入れがたいと感じる庶民は少なくなかった。政府の「説明責任」などという考えがほとんどなかった時代にもかかわらず、共産党政権は世論を説得する必要に迫られたのである。

そこで共産党が強調したのが、「侵略の責任は一部の日本軍国主義者にあり、一般の日本国民もまた戦争の被害者だった」という考え方だった。これは国交正常化を前に突然ひねり出されたものではなく、共産党の指導者たちは一九五〇年代から日中の関係回復を願う日本の財界人らを迎える際にこうした立場を伝えていた。第一次安倍政権時代に立ち上がった日中歴史共同研究の中国側座長だった中国社会科学院近代史研究所の歩平《ほへい》元所長は「共産党からすれば、「二分論」は非常に自然な考え方だったのです。階級闘争の観点から見れば、戦争とは少数の統治者が大多数の被統治者を巻き込むものであり、被統治者は被害者という構図になる」と解説する。

田中角栄首相の歴史的な訪中を控えた一九七二年、共産党は「軍民二分論」を庶民に浸透させるための宣伝工作を各地で繰り広げた。日本研究者として知られる上海国際問題研究院の呉《ご》寄南《きなん》研究員はその時のことをつぶさに覚えている。

九月十四日、上海の紡績工場の党委員会幹部だった呉は突然、党から呼び出しを受け、上海で最も大きなホールのあった文化広場に駆けつけた。文化広場のほかにも市内に十三の会場が設けられ、約十四万人の幹部が集まっていると聞かされた。ごった返す会場のスピーカーから聞こえてきたのは、その頃、市政府の役割を担っていた市革命委員会幹部の指示だった。

「毛主席と党中央は、日本との国交を正常化することを決めた。複雑な思いがあるだろうが、これは党中央の重要な戦略的配置である」。指示には「日本国民もまた戦争被害者である」という「二分論」が盛り込まれ、その年の七月に日本を友好訪問したばかりの上海のバレエ団の代表が、日本で受けた歓迎ぶりと中国との友好を望む日本国民の姿を報告した。大会が終わると、幹部は職場に戻り、労働者たちに党の決定を受け入れさせるよう求められた。

しかし、労働者たちの反発は予想以上だった。呉は工場の講堂に各部門の代表十人余りを集めて党の決定を伝えたが、「絶対に認めない」「日本人にだまされるなと上に報告しろ」と、とりつく島もなかった。途方に暮れた呉は、工場を退職したOGに訪日したバレエ団の幹部がいたことを思い出し、すがるような思いでその自宅を訪れた。

迎え入れたOGは、日本を訪れた時の様子を詳しく語ってくれた。バレエ団が右翼団体の抗議に遭わないよう地元の友好団体の人々が宿泊先のホテルを徹夜で警備したこと、中国に出兵した元兵士が団を訪れ「間違いを犯した」と涙ながらに謝罪したこと、日本公演の最後に「さくらさくら」のメロディーが鳴るカラーのアルバムが団員たちに配られたことなど、当時の中国では伝えられることが少なかった日本人の息づかいを聞いた呉は「いまのお話を、工場でしてくれませんか」と頼んだ。ＯＧは快諾し、後日開かれた職場集会で「日本人民は我々と同じように平和を望んでいる。中国人民と仲良くしたいという気持ちを持っている」と訴えた。

こうした説得工作は旧日本軍が残した爪痕《つめあと》が深く残る東北三省など中国各地で行われたという。当時は表に出なかった懸命の世論工作を経て、中国は田中首相を手厚く迎え、両国は九月二十九日、日中共同声明の調印にこぎ着けたのだった。

薄れる説得力

「軍民二分論」は、戦後、軍国主義と決別し、平和国家の道を歩む日本人にも受け入れやすいものだった。中国で改革開放が本格化した一九八〇年代に入ると、民間の交流も広がり、日本人の約七割が中国に「親しみを感じる」ようになった（内閣府「外交に関する世論調査」）。しかし、戦争の記憶は党の宣伝工作だけで消え去るものではない。一九八〇年代にも戦争の記述を巡る日本の教科書検定問題や政治家の靖国神社参拝などで両国は摩擦を繰り返した。とりわけ、A級戦犯らを合祀する靖国神社を日本の首相や閣僚が参拝することは、中国から見れば「軍国主義者」と国民を区別する「二分論」の根本を揺るがす動きだった。

それでもまだその時代は、日中関係を保つことが優先されていた。中国政府が「一部の政治家に問題はあるが、大部分の日本国民は戦争に反対し中国との友好を望んでいる」との立場で、世論の反発を押さえていたことは日本であまり意識されていない。この時代、日中双方は「軍民二分論」の下で交流を広げ、「友好」をうたいながら新たな関係を築いたが、その半面、官民ともに歴史認識問題と真剣に向き合うことを避け、火種を後世に残してしまったという思いはぬぐえない。

尖閣国有化の後、尖閣周辺での偶発的な衝突の懸念も深まる中、両国政府は徐々に対話の再開を探り、二〇一四年十一月、北京で開かれたアジア太平洋経済協力会議(APEC)の場で、習と安倍の初の首脳会談が実現した。その一カ月後、習は南京事件を追悼する集会で演説し、「少数の軍国主義者が侵略戦争を起こしたことによって、その民族を敵視するべきではない。罪と責任を背負うのは少数の軍国主義者であり、人民ではない」と述べた。習が総書記になってから「軍民二分論」に言及したのは初めてで、共産党政権が日本との関係を改善する局面に入ったことを庶民に示すシグナルでもあった。

その直後、私が北京で日本問題の専門家たちと集まった時も当然、習の「二分論」が話題になった。彼らは「中日関係のこれからを思えば歓迎すべき」と前向きに評価したが、その中の一人は「でも、もう庶民は真に受けませんよ」と言い切った。

「軍民二分論」は歴史問題という重荷を背負った両国が何とか関係を築き直すために必要とされた枠組みであり、それが日中の国交正常化に道を開き、交流を広げるのに果たしてきた役割は大きい。しかし、日中双方の置かれた状況も人々の意識も変わる今、その説得力は急速に色あせている。

二〇一六年に他界した歩平元所長は生前、こう語っていた。

「問題は、私たちが相変わらず国交正常化時代のモデルでしか歴史問題に向き合えていないことです。歴史を乗り越えていく鍵は、何より相手を理解すること。今までより深いレベルで理解することしかない」。

老政治家の気迫

尖閣国有化で日中間の緊張が高まっている間、「局面を打開するためのパイプがない」という言葉を、双方の外交関係者や研究者からよく聞いた。その嘆きは、かつて深い信頼を築いたとされる野中広務《ひろむ》元官房長官と曽慶紅《そうけいこう》元国家副主席、中曽根康弘元首相と胡耀邦《こようほう》元総書記のようなリーダー間の太い人間関係が両国の間に見当たらなくなっているということを指していた。

そんな中、二〇一三年六月、政界を引退して久しい野中が超党派の議員らを連れて北京に来た時のことは印象深かった。尖閣国有化以降、双方の国民感情が悪化し続け、尖閣周辺の海域で双方の船がにらみ合う状況を憂えた野中は、一日で中国の要人四人との会談をこなした。野中と中国要人との夕食会の後、夜も更けてから始まった記者会見の空気は、最初から張り詰めていた。野中が共産党最高指導部のメンバーである劉雲山《りゅううんざん》との会談で、尖閣諸島の領有権を巡る「棚上げ合意」が日中間に「あった」と伝えたことが、この段階で明らかになっていたからだ。すでに述べたように、国交正常化に向けた一九七二年の日中間の交渉で、尖閣の領有権を巡る「棚上げ合意」があったというのは中国側の主張であり、日本政府はこれを否定している。野中の発言は日本政府の立場に反するもので、菅義偉《すがよしひで》官房長官は「非常に違和感を覚える」と不快感を示した。

記者会見でこの問題を問われた野中は、一九七二年秋、箱根で開かれた自民党田中派の青年研修会で、日中国交正常化を終えて帰国してまもない田中角栄本人から「棚上げ合意」をしたと聞いたとし、「当時のことを知る生き証人として、明らかにしたいという思いがあった」と力を込めた。野中は「緊張感がこれだけ長く続くと、どこかで一発ぽーっとやったら、不幸な戦いになる」とも話し、指導者や政府間の意思疎通が滞る中、何とか事態を打開しなければ大変なことになるとの焦燥感を口にした。

野中の発言の是非はともかく、この時の会見は、戦争の怖さや悲惨さを知り、日中の関係づくりに力を尽くしてきた老政治家の気迫を感じさせるものだった。

「知日派」頼りの限界

書き残しておきたいのは、日本で激しい批判にさらされることを覚悟で北京に乗り込んできた野中に見せた、ある中国側幹部の対応についてである。

名前は伏せることにするが、複数の同行筋によると、解決の糸口を見いだそうと「棚上げ合意」の証言まで持ち出した野中に対し、その幹部は、日清戦争以来、歴史問題を巡って日本が重ねてきた「誤り」について、会食を前に延々一時間以上、官僚が用意したと見られる原稿を読み上げたという。

翌朝、宿泊先のホテルのロビーで日本に帰る一行を待っていると、訪中団に加わっていたある議員はその時の様子を振り返り、「『日本も一歩引くから中国も引いてくれ』と命がけで言いに来た野中に対し、相手は土足でずかずかと乗り込んできた」と憤りを隠さなかった。中国政府でも指折りの「知日派」とされてきたその幹部は、その後も訪中した日本の要人に同じような対応を繰り返したと聞いた。

その後の数年間、私は「知日派」と呼ばれてきた幹部ほど日本に厳しく当たろうとするのを何度も目の当たりにした。当時の張り詰めた空気と中国の政治体制の下、彼らが日本人には想像もつかない重圧にさらされていたことは察しがつく。とはいえ、「親日」のレッテルを貼られまいと振る舞う彼らの姿に触れるたびに、一握りの政治家や官僚を頼りにした対中外交は限界に来ているという思いは強まった。

政治を超えられるか

日中をつなぐパイプがやせ細っていることをどう受け止めるべきか。日中関係を見続けてきた中国社会科学院日本研究所の李薇《りび》所長(当時)に尋ねたことがある。李所長は「中日のような大国が、個人的な関係に頼っていること自体がおかしいのです。我々は民間も含めてもっと幅のある関係をつくらなくてはいけない」と述べ、たとえば米中の間では政治的な対立があっても、経済はもちろん、研究機関や大学、地方自治体などの交流は粛々と続いてきたと指摘した。

李所長の言う通り、尖閣問題を機に民間を含む様々な交流が途絶えた実態は、両国関係のもろさを浮き彫りにした。歴史のしこりがあるとはいえ、世論調査で相手に良くない印象を持つ人が互いに約九割に達してしまう現実(言論NPO「日中共同世論調査」)は危険であり、互いの理解の厚みが欠けている証拠だろう。

日々、中国人と交わり、中国の実情をよく知る北京在住の日本人の方々からは「メディアは、日本の対中イメージに沿った情報ばかりを流す」とのおしかりをよく受けた。確かに、中国国内に理性的な声や動きがあっても、政治の世界でそれをのみ込むような大きな動きが次々と起き、私自身がそれに流されていた面はある。中国の視点や立場を伝える記事は、注意深く書かないと日本から批判を受けるという重圧も感じていた。社会の空気が極度にこわばる中で、何を伝えるべきかについては絶えず考えてきたつもりだが、記者としての技量と勇気の足りなさを痛感することも多かった。

そんな中、二〇一五年の春節ごろから、日本では中国人観光客による「爆買い」が話題になった。私の周りでは、その一年ほど前から日本に旅行して「いいものが安く買えた」などと喜んでいる人が目立ち始めていたが、円安が進んだこともあって一気に広がった。その後の為替変動や中国側の関税引き上げなどでブームはピークを越した感があるが、年間五百万人近い中国の人々(二〇一五年、日本政府観光局)が、自分の目で日本を見るという状況は長い日中の歴史でも初めてのことだ。買い物を楽しんだだけでなく、日本人のサービスや礼儀正しさ、文化や自然を守る姿に強い印象を受けたという人は多い。お互いの国に政治以外の「顔」があることを知る意味は、異なる体制の下で生きる両国の人々にとって極めて大きい。

日中は相手を等身大で理解できる時期にようやく近づいたのかも知れない。「軍民二分論」のように相手の国民を白と黒で分けるような見方の無理はますますあらわになっていくと思うが、新たな関係の枠組みを築くには時間がかかる。それはもはや政治の力だけでつくられるものではないが、不安定な過渡期を乗り切る知恵と努力が今ほど双方の政治に求められる時代もないだろう。

第二章　中国式発展モデルの光と影

第一節　改革開放のひずみ

草原の黒い穴

二〇一一年六月、私は飛行機で内モンゴル自治区の区都フフホト市からおよそ五百キロメートル北東にあるシリンホト市に向かっていた。窓の下に見えるのは、見渡す限りの平原だ。飛行機が高度を落とし始めた時、視界に入ってきたものの大きさに私は目を奪われた。巨大な隕石でも落ちたのではないかと思うような穴がポッカリと大地に口を開けていたのだ。それが露天掘りの炭鉱だと気づいたのは、穴の中が周りの地面になじまないほど黒々としていたせいだ。周りを見渡すと、草原の彼方にもいくつか漆黒の穴が空いているのが確認できた。

私がシリンホトを目指したのは、そこが内モンゴル自治区各地に広がったモンゴル族によるデモの震源地だったからだ。三週間ほど前、シリンホトの東に広がる草原で、放牧地を走り抜けようとする炭鉱のトラックを阻止しようとした遊牧民がひき殺されるという痛ましい事件が起きていた。真偽は不明だが、トラックの前に立ちはだかった遊牧民に対し、運転手が「おまえらを殺しても四十万元(約五百万円。二〇一一年五月当時)も払えば片がつく。会社にとっては、はした金だ」と叫んだという話が広まっていた。これに怒ったシリンホトの高校生たちが「モンゴル族の尊厳を守れ」と口々に叫びながら市政府前の広場に集まったのを皮切りに、抗議の波はフフホトをはじめとする自治区内の街々に飛び火したのだった。

図 2-1　シリンホトの草原に積み上げられた炭鉱の残土(2011 年 6 月)

長年、内モンゴル自治区ではチベットやウイグルのような鋭い民族対立は表面化していなかっただけに、事件は共産党政権を慌てさせた。フフホトでも街のあちこちに武装警察が展開し、モンゴル族住民たちの動きに目を光らせていた。

地方都市にはそぐわないほど立派なシリンホトの空港に着き、タクシーを拾った私は、炭鉱があるという郊外の草原を目指した。座席に腰を下ろして後ろを振り向くと、二人組の男の乗った乗用車があとをつけてくるのが分かった。飛行機の搭乗者名簿で外国人記者が来ることを知って待ち構えていた地元の治安当局者に違いなかったが、すぐに接触してこないところを見ると、とりあえず私の動きを監視することだけを命じられているようだった。

草原を一時間ほど走っただろうか。前方に見えてきた盛り土の巨大さに私は息を呑んだ。数キロメートル四方、高さ数十メートルに積み上げられた盛り土は、まるで要塞のような威圧感で草原にそびえ立ち、その上で動き回る重機がミニカーのように見えた。風が吹くと、そこから黒い砂ぼこりがもうもうと舞い上がり、手前で草をはむ馬の姿がかすんだ。

生き方を見失う人々

二年前までこの炭鉱から出る石炭を運んでいたという漢族の運転手によると、最寄りの貨物駅まで約百キロメートル、一回運ぶごとに報酬が得られるため、運転手たちは少しでも早くトラックを走らせようとした。草原につくられた道路は未舗装で轍《わだち》が深くて走りにくいために草原を走るトラックが増え、事件の前から遊牧民との間で諍《いさか》いが続いていたという。

豊かな地下資源を持つ内モンゴル自治区は、中国の経済成長を支えるためのエネルギー需要に沸き、二〇〇二年から八年連続で国内トップの経済成長率を記録していた。フフホト在住の研究者によると、シリンホト地区には北京や遼寧《りょうねい》省の大手資源業者が相次いで進出して炭鉱や油田の開発を進め、その数はシリンホト市近郊だけで三件、周辺の草原地帯を含めると数十カ所に上っていたという。炭鉱や油田の近くで放牧していた遊牧民たちは、シリンホトやその近郊に政府が用意した住宅に定住するよう勧められた。補償金で買った高級車を乗り回す遊牧民が現れ漢族住民の反感を買っているといったうわさもある一方、遊牧民の多くは標準語（普通《プートン》話《ホア》）を十分に話せないために仕事も見つからず、補償金で細々と食いつないでいるという話もあった。

シリンホトの郊外に、政府が元遊牧民のためにつくった「生態村」（エコビレッジ）があると聞いて訪れた。碁盤の目のように区画された村には、家畜を囲うための小さな庭付きの平屋建て住居が並び、生乳を加工する工場もあった。まだ陽は高かったが村はしんと静まりかえり、住民の姿はおろか、家畜の鳴き声さえしなかった。車から降りて追いかけてきた当局者をまきながら、私はゴーストタウンのような村を小走りにさまよい、ようやく見つけたお年寄りを物陰に誘って何とか話を聞いた。

草原を離れてこの村に住み着いた住民たちは当初、政府が格安で提供したオーストラリア産の乳牛を飼い、採れた乳を工場に売るという形で生計を立てるようになり、現金収入は草原にいた頃の五倍近くになった。しかし、二〇〇八年、中国で有害物質が入った粉ミルクによる健康被害が社会問題になって国産の乳製品がほとんど売れなくなったため、住民は牛を売り払い、出稼ぎに出ざるを得なくなったという。

その夜、シリンホト市内の小さなモンゴル料理店に入って店主に聞いてみると、彼もまた二年前に草原を追われた一人だった。高校生たちのデモも見たという彼は、遊牧民と漢族がいがみ合う状況を心配しながら「我々は補償金を受け取った代わりに、生き方を見失ってしまったんだ」と苦々しげに話した。

シリンホトの現実は、目覚ましい経済発展が自然と人の心にもたらしたひずみの縮図のように私には思えた。しかし、草原の遊牧民だけではなく、実は大都市に住む人々も急速な経済成長の代償を払っていたことに、この時はまだ多くの人が気づいていなかった。

北京を覆う白い霧

内モンゴルの取材から半年たった二〇一一年十二月、私は広州から北京に転任することが決まり、家探しのために上京した。朝、ホテルのカーテンを開けた妻が、息を呑むように「この白いのは何なの」と声を上げた。昼間、タクシーで移動している間も白いもやが街中を覆い、百メートル先がかすんで見えなかった。「霧だろう」という私の適当なあいづちに妻は納得がいかない様子だったが、いま思えば、妻の観察眼の方が鋭かった。

北京の代名詞のようにもなった微小粒子状物質「ＰＭ２・５」は、当時まだ専門家以外にはその名前すらほとんど知られていなかった。人々が注目するようになったのは二〇一二年一月、北京市が観測データを公表するようになってからだ。その数値が二〇〇八年から独自に計測、公表していた米国大使館の値を大きく下回っていたため、専門家らが北京市のデータの信頼性に疑問を投げかけ、またたく間に社会問題化したのだ。

ＰＭ２・５は、大気に浮遊している二・五マイクロメートル（一マイクロメートルは一ミリメートルの千分の一）以下の粒子を指す。非常に細かいため普通のマスクでは防ぐことができず、吸い込むと気管支など呼吸器の奥まで入り込む恐れがあるとされている。原因は工場や自動車などからの排ガス、工事現場や荒土から舞い上がる粉塵などが複雑に絡み合っていると言われる。とりわけ影響が大きいと言われるのが、火力発電所や工場、あるいは農村部で安価なエネルギーとして重宝されてきた石炭燃料だ。直接的な因果関係をそこに求めるのは乱暴にしても、北京の汚れた空とシリ

図 2-2　PM2.5 でかすむ北京の朝（2015 年 12 月）

ンホトの草原に掘られた炭鉱のまがまがしい光景は、急速な経済成長が生み出した断面として深く結びついているように私には思えた。

官製の青空

ＰＭ２・５を巡る問題はすぐに国際的なニュースになり、中国とりわけ北京のイメージは大きく傷ついた。観光客の激減など経済的なダメージは大きかったし、政府にとってはそこに住む人々の不安と憤りも無視できなかった。都市住民の健康や命に対する意識は高く、対応を誤れば政府批判がうねりのように広がることを過去数年の間に起きていた事件が教えていたからだ。

政府は慌てて対策を打ち始めた。一党支配のなせる業とはいえ、共産党政権が本気で対策に乗り出した時の徹底ぶりはすさまじい。北京周辺で排ガスの処理装置のない数千の企業を廃業させたり操業停止にしたりしたほか、大気汚染が深刻な日は乗用車のナンバー規制で、北京の半分の車を走らせないようにしたりした。

特に二〇一四年十一月に北京で予定されていたＡＰＥＣの首脳会議が近づくと、政府は総力を挙げてＰＭ２・５対策に力を入れた。北京にほど近い河北《かほく》省唐山《とうざん》市の化学工場やセメント工場などに飛び込み取材すると、その一カ月前から政府環境保護省の官僚が唐山の工場を視察して回り、「これは政治任務だ」と言って生産の休止や減産を命じたという話が聞こえてきた。煙が目立たぬ夜中にひそかに生産したりすることがないよう、市の職員が各工場に泊まり込んで監視したという証言もあった。

そうした必死の対応が実ったのだろう。ＡＰＥＣの会期中、北京の空は見事に晴れ渡った。国家の体面のためには市民の暮らしや経済活動をためらいなく犠牲にする政権への揶揄《やゆ》を込め、人々はそのつかの間の青空を「ＡＰＥＣブルー」と呼んだ。

政治問題としてのＰＭ２・５

ＰＭ２・５が著しい経済成長の副作用であることははっきりしていたが、同時に優れて政治的な事件でもあることを、私はある中国人科学者から教えられた。彼はかねて実名でその問題を指摘していたが、ＰＭ２・５が内外の関心を集めるようになって当局の重圧が強まったため、本人の意向で名前は伏せる。

環境保護省傘下の研究所に勤めるその人を初めて取材したのは、二〇一四年二月のことだった。彼は中国政府が一九九〇年代の終わりから欧州連合（ＥＵ）や日本などを参考に自動車や燃料の品質規制を段階的に強め、基準としては先進国と比べてもそれほど遜色のないレベルにあることを丁寧に説明してくれた。その上で彼は、「最大の問題は、政府の指示を石油メーカーが聞き入れようとしてこなかったことだ」と断言したのである。

自動車メーカーがエンジンなどの環境対策を強化しても、燃料の質が上がらなければ期待される効果は得られない。ところが石油業界は、対策に欠かせない脱硫施設への投資などを渋り、政府が定める品質が達成されない状態が十数年来続いてきたと彼は言った。確かにそうした実態があったことを、私は中国に進出している日欧の自動車メーカーの幹部からも確認した。

政府が絶大な力を持つはずの中国で、なぜそんなことが起きるのか。それを理解するには共産党政権と石油業界の特殊な関係を理解する必要がある。

国有企業の傲慢と怠慢

改革開放が本格化した一九八〇年代、共産党政権は石油の生産を効率化するために全国に散らばっていた企業や施設を統廃合する改革を行った。それを基礎にして生まれたのが現在、三大国有大手と呼ばれる、中国石油天然ガス集団(CNPC)、中国石油化工集団(シノペック)、中国海洋石油だ。シノペックの前身の中国石化総公司の初代総経理だった陳錦華《ちんきんか》はその自伝で、同公司の立ち上げにあたって当時の共産党指導者から「雪中に炭を送れ」と命じられたと証言している。国の財政や経済運営が行き詰まった時、国家を支えるだけの力を持てとの意味であり、手探りで改革を進めていた政権が三社にかけた期待の大きさを示している。

国有石油大手は企業とはいいながら実態は政権と一体の存在であったことは、そこでキャリアを積んだ幹部が、歴代の共産党指導部の一角を占めてきたことに端的に現れている。江沢民指導部のキーマンだった曽慶紅元国家副主席、胡錦濤指導部では周永康前党中央政法委員会書記がその代表例で、党最高指導部との太いつながりを背景に、国有石油大手は中央政府を同格かむしろ格下と見なしていた節がある。

そのいびつな関係を物語るようなエピソードを前出の科学者は私に話してくれたことがある。政府と業界、専門家による石油製品の環境規格策定委員会のメンバーでもあった彼は二〇一二年、ガソリンなどの新しい規格を通知するため環境保護省の担当者と一緒にＣＮＰＣの子会社に向かった。しかし、対応した課長は「政府が決めても意味はない。重要なのは党が何と言っているかだ」と言い放ち、まともに話を聞こうともしなかったという。

国有とはいえ一企業の中堅幹部が、共産党指導部とのパイプをかさにきて政府の監督官庁すら見下すようになっていたのは異常というほかない。ましてその石油業界の幹部たちが、庶民の健康や環境への責任というものを真剣に考えていたとは想像しにくい。私は二〇一四年三月、全国政協の会合に委員として出席していたCNPCトップの周吉平董事長《しゅうきっぺいとうじちょう》をつかまえ、「PM2・5の一因は、あなたたちの怠慢にあるのではないか」と質問をぶつけたが、周は怒気のこもった一瞥をくれただけで黙って立ち去った。

改革開放路線の中で官僚が持ち場の経済成長率を気にし、企業が収益を上げることに血眼になってきたつけは、大気の汚れだけではない。中国ではこの間、都市の再開発のために多くの庶民が強制立ち退きを迫られてきたし、食品の偽装問題が次々に表面化したり、工場廃水が原因で癌の発生率が異常に高まる「癌村」が生まれたりもしてきた。

「中国の夢」を語る習近平指導部は、二〇一六年からの経済五カ年計画で食の安全や環境問題への対応を強め、監督官庁や企業の責任を厳しく問うていく姿勢を示している。PM2・5の問題は相変わらず深刻だが、共産党政権は威信にかけて北京に青空を取り戻すだろう。しかし、PM2・5の教訓が教えているのは単に環境への意識や対策が欠けていたということではなく、庶民の悲鳴や警告がすくい上げられぬまま、常に政治が優先され、国家全体が一つの目標に突き進んできた危うさではなかったかと私は思う。

世界を席巻した「爆買い」

二〇一五年、日本を席巻《せっけん》した「爆買い」ブームは、中国の中間層の広がりとその購買力の大きさを強烈に印象づけた。その五年前、私は日本に暮らす中国出身者たちの連載取材に携わり、家電量販店「ラオックス」を買収して中国人観光客向けのサービスへの切り替えを図っていた新社長や、倒産して競売《けいばい》にかけられたホテルを買い上げて中国からのツアー客を受け入れ始めていた実業家などを取材した。祖国の成長に寄せる彼らの自信と、チャンスをつかみ取ろうとするバイタリティーに圧倒されたが、中国から日本に来る観光客が社会現象になるような時代がすぐそこに迫っているとは当時の私にはまったく想像できていなかった。

中国人観光客が席巻したのは日本だけではない。二〇〇五年からの香港駐在時代は、オープンしたばかりの香港ディズニーランドや宝石店は中国本土からの客であふれかえっていたし、二〇一六年夏から滞在した米国でも、ニューヨークのタイムズスクエアやワシントンのスミソニアン博物館は中国人観光客であふれ、中国語が飛び交っていた。こうした光景は、中国が三十年あまりの改革開放を通して蓄えてきた富と力が国外に向かってあふれ出すようになった時代を象徴している。世界はそれを驚きと戸惑いを伴いながら受け止めようとしているが、その変化の大きさに最も揺れ動いているのは実は中国人自身なのかもしれない。

富める者の不安

改革開放の先頭を走る広東省の広州に駐在していた二〇一一年、俗に「貴族学校」と呼ばれる富裕層向けの私立学校の生徒たちから話を聞く機会があった。欧州の高級ブランドのバッグを手に現れた女子生徒に海外経験を尋ねると、彼女はあっさりと「いろんな国を旅行したから、あんまり覚えてないです。日本には三回くらい行ったかな」と答えた。恵まれた境遇にのぼせ上がった様子もなく、外国人記者の質問にも硬くならずに淡々と日常を語る彼らの姿に新しい中国人像を見る思いがしたものだ。

別の女子生徒が漏らした言葉も印象的だった。父親が従業員数千人の工場を経営しているという彼女は、ポツリと「家族で食事をする時、両親が工場の経営について話しているのを聞くのがすごく怖い」と言ったのだ。その頃すでに広東省では、出稼ぎ労働者の賃上げ要求ストライキが頻発し始めるなど、安い労働力に頼ってきた発展モデルの限界が見えていた。父親の事業も順調なばかりではなく、先行きの厳しさを家族の前で漏らすこともあったのだろう。それを聞くのが「怖い」という彼女のつぶやきは、「今ある豊かさがいつ失われるか分からない」という不安を子どもたちも敏感に感じ取っていることを物語っていた。

中国での勤務を通して、私は中国の人々から「没有安全感《メイヨウアンチュアンガン》」(安心できない)という言葉をよく聞いた。何を信じていいのか分からない、この先どうなるか分からないという思いを、いろんな人々が口にした。ある実業家は、週末も休むことなく忙しく働き続ける理由を「今の中国では、立ち止まった瞬間に淘汰《とうた》される」と話した。食品の偽装問題が深刻になる中、郊外に農園を借りて野菜をつくっていた母親は「結局、自分でつくったものしか信頼できない」と言った。強制立ち退きで家を失い、地方から上京し、北京の裁判所の前に座り込んで陳情していた人は「地元の政府も裁判所も私の話を聞いてくれない。正義を守ってくれる場所がない」と訴えた。

築いてきた地位や財産、生活がある日突然、失われるかも知れないという不安をかき立てるのは、経済の失速への恐れだけではない。職業的なモラルや社会のセーフティーネットが確立されていないという問題に加え、彼らは政治の風向きで世の中ががらりと変わってしまうという潜在的な恐れを抱えている。文化大革命の混乱や、その後の改革開放で社会のあり方や価値観が一変した経験を持つ世代には特にその傾向が強いように思う。

そういう人々が目指した一つの道が海外への移住だ。各国の統計によると、二〇〇〇年から二〇一四年までの間に米国に移住した中国人は百万人を超え、カナダでは二〇一一年の段階で中国本土からの移住者が五十四万人、豪州では二〇一五年の段階で四十八万人に達した。

その頃、中国各地の大都市では富裕層に海外の不動産を仲介し、ビザを取得するノウハウを教えるセミナーがよく開かれていた。生まれてくる子どもがほかの国の国籍を取りやすくなるよう、中国の妊婦が香港やサイパンなどに押し寄せる現象もあった。二〇一一年、深圳《しんせん》で開かれた豪州の不動産紹介セミナーを取材した時、参加者たちは中国経済の先行きへの不安に加え、教育や環境への不満を語り、やはり「没有安全感」という言葉を口にした。

海外脱出組の中に腐敗官僚やその家族がまざっていたこともあり、習指導部は移民や財産の持ち出しを厳しく監視するようになった。そのため海外移住は頭打ちの傾向を見せているが、富裕層が資産を海外に移す動きは様々な規制をかいくぐって続いているとされる。発展の果実を最も享受したはずの人々が祖国の将来に不安を持ち、海外に安全と安心を求めようとする姿は改革開放が進んできた末に現れた皮肉な現象と言っていいだろう。

地方出身者の悩み

しかし、海外に移住するだけの経済力やコネを持っているのは一部の人に過ぎない。多くの人は国内にとどまり、激しく移り変わる社会の現実と向き合いながら、自分と家族の暮らしを守るために日々、奮闘している。

私は北京に暮らしている間、二十代や三十代前半の若い友人から何度も「日本は移民を受け入れるのか」「日本語ができなくても博士号が取れる大学はあるか」などと真顔で相談された。彼らの多くは地方出身で、「将来が見通せない」と嘆いていた。

彼らを悩ませる大きな原因が、マイホームの問題だった。彼らの給与は手取りで一万元(約十七万円。二〇一六年四月現在)あれば多い方だったが、中国メディアによれば、二〇一六年四月の段階で都心への通勤一時間圏とされる「第四環状道路」周辺のマンションの平均価格は一平方メートル当たりで五万元前後。七十平方メートルのマンション(共有部分などを除く占有面積はその約八割程度と言われる)を買うには三百五十万元(約六千万円。同)が必要で、給与のすべてを注ぎ込んでも返済に約三十年かかる計算だ。企業の浮き沈みも激しいので長期ローンは組みにくく、親の援助がなければ到底マイホームの夢は叶わない。家がなければ結婚もままならず、ようやくつかんだ北京の仕事を辞め、実家に近い地方都市に戻ることを真剣に考える人も目立ち始めた。

広がる不公平感

彼らをふさぎ込ませるのは、将来の展望が持てないことだけではない。より深刻なのは、彼らの目に世の中が公平なものとして映っていないということだった。福建省《ふっけんしょう》福清市《ふくせいし》出身の雑誌記者は「大学時代、北京や上海出身の同級生とそれ以外の同級生では、住んでいる世界がまるで違っていた」と話す。大都市の若者は就職でも親や知人のコネに助けられることがあるし、親から家を譲ってもらうケースも多い。北京に上京してきた若者同士が結婚した例は私もたくさん見聞きしてきたが、北京に戸籍も家もある女性がそのいずれも持たない地方出身の男性に嫁いだケースは聞いた覚えがない。

一九九〇年代の末、政府は都市の住宅制度改革を行った。社会主義の下、住宅は政府機関や国有企業などが所有し、従業員に貸し与える形だったのを改め、「払い下げ」のような形で従業員に売り渡したのだ。正確に言えば売り渡したのは不動産の所有権ではなく使用権だが、当時北京にいた私は、初めて自宅を「買う」という経験に沸き立つ人たちの姿をよく覚えている。制度的に認められていたのかどうか定かではないが、夫婦がそれぞれの職場から安い値段で家を一軒ずつ買い取った人もいた。

その後の経済成長で住宅価格はぐんぐん上昇し、中国メディアによれば、二〇〇三年からの十年間で北京の平均住宅価格は七倍に達した。安く手に入れた自宅を売り払い、それを元手に少し郊外に複数の家を買ったり、北京五輪に向けた再開発に伴う立ち退き補償で財産を増やしたりした人は少なくない。そういう親から家や車などを与えてもらえる同級生の姿に、苦学してようやく北京の大学に入った地方出身者たちが抱く感情は想像がつくだろう。

北京の名門大学、中国人民大学の張鳴《ちょうめい》教授は、講師として大学に残った地方出身の教え子が「世の中がひっくりかえればいい」とつぶやくのを聞いて胸を突かれる思いがしたと言う。張が大学に入った一九八〇年代、大学生は国を支える人材として大事にされ、政府から毎月、十数元の生活補助が出た。当時では大きなお金で、地方出身者はみな節約して実家の親に仕送りした。張は「いい大学に入ることは、自分と家族の人生を切り開くことと同じだった。私たちは実家にお金を送りながら、学生の時からそれを実感できた」と言う。まだ就職先は国が決める時代で仕事を選ぶ自由はなかったものの、卒業生はそれぞれの分野の要所に配置され、暮らしを立てていくことに悩む必要はなかった。

しかし、大学生の数が増えて条件の良い職を奪い合う状況が続き、もはや学歴だけでは人生設計ができない時代になった。社会への憎悪にも近い思いを漏らしたその大学講師も思うような就職ができず、借家暮らしで何とか妻子を養っているという状態だった。張は「祖国と一緒に自分も豊かになるという高揚が遠のき、本来ならエリートと言われるべき人々も将来に希望が見いだしにくい時代になった」と話す。

「共同富裕」という課題

二〇一二年十二月、前の月に共産党総書記に就いたばかりの習近平が最初の視察先に選んだのは、広東省の深圳だった。香港と接する深圳は一九八〇年、全国で最初の「経済特区」になり、多くの外国企業を招き入れて中国の改革開放政策をリードした。一九九二年には鄧小平の南巡講話《なんじゅんこうわ》の舞台の一つにもなり、鄧が発した数々の号令によって、三年前の天安門事件で挫折しかけていた中国の改革開放は息を吹き返した。

市内の公園に立つ鄧小平の銅像に足を運んだ習は、うやうやしく花かごを供え、その前でじっと頭を垂れた。習の脇には一九九二年に鄧を案内したという地元の老幹部が立っていた。国営メディアはその老幹部が「改革開放が中国の国情に合った戦略であることは、これまでの歴史が証明しています」と語り、習が「改革開放を断固守る方針は決して揺るぎません」と答える様子を伝えた。習は改革開放を象徴する深圳に足を運ぶことによって、新指導部が鄧の路線を引き継ぐという明確なメッセージを全国に発したのだった。

改革開放は貧しかった人々の暮らしぶりを一変させ、中国を世界第二の経済大国に引き上げた。十三億人の大国が孤立の道を歩まず、世界と情報や体験を共有する中間層を育ててきたことの意味は大きい。しかし、その道のりの中で環境や人々の価値観は大きく変わり、多くのひずみも生まれた。二桁成長時代の高揚感が遠のく中で、発展がもたらした格差や不平等といった矛盾を解きほぐしながら、安定的な成長を続けられるかどうか。共産党政権にとっては、その統治の正統性を保ち続けられるかどうかの大きな試練だ。

鄧は改革開放を進めるに当たり、「なれる者から先に豊かになれ」と述べ、地域や個人の間に格差が生じることも厭うなと発破をかけた。「先富論」と呼ばれるその考え方は鄧の大胆さを象徴する言葉として語り継がれているが、鄧が同時に、豊かになった地域が貧しい地域を引き上げて格差を縮める「共同富裕」の実現こそ改革の最終目標だと強調していたことはそれほど知られていない。

二〇一五年十一月、シンガポール国立大学で講演した習は、中国がシンガポールの経験を改革の道しるべとしてきた歴史に触れつつ、「鄧小平は「まず一部の人々を豊かにさせ、その後、豊かになった者がほかの人々を引き上げて共同富裕を目指す」と述べたが、我々はその第一段階を実現した」と語った。「共同富裕」の目標は歴代の指導部も掲げてきているが、習の発言は中国が「先富論」の段階を抜け、いよいよ本気でその実現に取り組むべき局面を迎えたとの認識を示したものと言っていいだろう。前に見えるのは米国の背中しかないという時代に登場した習指導部は、改革開放を新たな段階に引き上げることを自らの使命とし、そこに政権と中国の命運をかけようとしている。

第二節　農民を食べさせる

習近平の下放時代

二〇一五年の春節を目前に控えた二月十三日午前十一時過ぎ、習近平と夫人の彭麗媛《ほうれいえん》らを乗せた車列が、陝西省延安《えんあん》市から車で一時間ほどの距離にある山間の村に入った。習の「両腕」と言われる王滬寧《おうこねい》党中央政策研究室主任、栗戦書《りっせんしょ》党中央弁公庁主任をはじめ、中央政府や陝西省や延安市の幹部らがずらりと顔をそろえていた。北京の外交筋によれば、習は前年まで米ハーバード大学に留学していた一人娘も同行させていた。春節前後に行われる総書記の地方視察は党指導部が新しい年に力を注ごうとする課題を象徴する重要なものだが、この時の陣容は、習がこの視察にとりわけ重い意味を置いていることをうかがわせた。

地元陝西省の党委員会の機関紙によると、村総出で迎えられた習は「一九六九年一月、私は人生の第一歩を踏み出してこの梁家河《りょうかか》村に来た。私はここで生産大隊の書記になった時、将来は庶民のためになる仕事をしようと心に決めたのだ」と、感慨深げに話した。習は視察の途中で「私は(村で過ごした)あの時、ここが私のふるさとだと思い定めた。その後どこに行っても、自分はこの黄色い大地の子だと思ってきた」とも語り、自身の政治家としてのルーツが延安の農村にあるということを強くアピールした。

文化大革命の時代、毛沢東は「農民の暮らしに学べ」と、都会の青年を農村に送り込む「上山下郷《じょうさんかきょう》」(下放)運動を大々的におし進めた。父親の習仲勲が政治闘争に巻き込まれ失脚していた習近平も、十五歳で北京からこの梁家河村にやってきたのだった。

図 2-3　下放時代の習近平(呂能中さん提供)

指導者としての原点

二〇一〇年十月、国家副主席だった習が党中央軍事委員会副主席のポストに就き、次の最高指導者になることが確実になった直後、私は中国の新しいリーダーの人となりを探るためにこの村を訪れた。

次の総書記のゆかりの地になることが織り込まれていたのか、村に通じる道路がしっかり舗装されていたあたりにほかの農村との違いを感じたりもしたが、村人たちは谷底のわずかな土地に植えられたトウモロコシや野菜を頼りに慎ましく生きているように見えた。

黄土高原が広がる地域には、乾いた崖や山肌を掘り抜いた「窰洞《ヤオトン》」という横穴式の住居がある。文革中、都会から下放されてきた習らを受け入れた呂能中《りょのうちゅう》(取材当時八十歳)が、彼らが寝泊まりしていた窰洞に案内してくれ、習のことをそのころのまま「近平」と親しげに呼んで思い出を語った。

図 2-4　窰洞の前で習近平の思い出を語る呂能中さん(2010 年 10 月)

字の読めない彼には何の本か分からなかったが、習が時間さえあればランプの下で本を読んでいたこと、恵まれた体格の割には怖がりで、薪を取りに行った帰り、村人たちが駆けるように山を下りていく中、急な斜面では腰を下ろして恐る恐るすべり降りていたことなどを懐かしそうに話してくれた。

失脚した父親の影響か、習はなかなか共産党への入党が認められなかったが、二十歳でようやく党員となると、農作業にまじめに取り組む模範的な態度が村を管轄する県政府の幹部に認められ、村のトップである生産大隊の書記に選ばれたという。村人と一緒に井戸を掘ったり、村人同士のけんかを仲裁したり、村を豊かにするためメタンガスを造りだす方法を学ぼうと四川省まで視察に行ったり、若いリーダーとして村人の信頼は厚かったという。

文革も終わりに近づいた一九七五年、習は六年間過ごした梁家河村を離れて北京に戻った。清華大学で学んだ後、習は党中央軍事委員会弁公庁に秘書として配属された。そして一九八二年に河北省正定県で地方幹部としての道を歩みはじめ、その後、福建省、浙江《せっこう》省、上海でキャリアを積んで国家指導者となった。この間も、習はしばしば梁家河村で過ごした下放時代の体験を語り、自分の原点がそこにあると何度も述べてきた。

習は総書記に就任して発足してまもない二〇一二年の年末、北京から約三百キロメートルの距離にある河北省の農村を視察している。農家に上がり込み、農民に「年収はいくらか」「暖を取る炭は足りているか」と声をかけ、「我々は困窮している民衆に特別の関心を寄せ、何としてもその悩みを解決する手伝いをしなくてはならない」と述べた。そして地元幹部との会議では貧困対策予算の不正流用などについて「犯罪であり、自分は怒りを感じている。必ず一掃させる」と強い言葉で戒めた。

国営新華社通信はこの視察が「小康社会の全面的な実現という国家の大計について思いを巡

らし、相談するために、習書記が自ら求めたものだった」と伝えた。もちろん、一連の動きには政治的なアピールのにおいも漂うが、習が指導部発足当初から農村の底上げを自身が取り組むべき大きな課題として位置づけていたことは間違いない。

一千万人移住計画

二〇一五年十一月、外遊先のシンガポールで中国がいよいよ「共同富裕」の実現を期す段階に入ったとの考えを示した習は、同じ月の末、党中央と政府、全国の省や直轄市の幹部を一堂に集めて「中央扶貧開発工作会議」を開き、「全党、全国、全社会の力を動員し、脱貧困の戦いに勝利せよ」と号令した。

全国に七千万人いるとされる貧困人口の多くは農民だ。二〇二一年までに達成されるべき最初の「百年の夢」は、すべての人々がまずまず余裕のある生活が送れるという「小康社会」を全面的に実現することだが、農民たちを貧困からすくい上げるのがその前提であることは言うまでもない。

「脱貧困」の目標は、二〇一六年から二〇二〇年までの中期経済計画である「第十三次五カ年計画」にもその柱として盛り込まれた。

それに基づき、共産党と政府が打ち出した対策は幅広い。特に貧しい地域を洗い出して重点的にその底上げを図る「精準扶貧《せいじゅんふひん》、精準脱貧《だつひん》」のスローガンを掲げ、道路や水道、電気などのインフラ整備、産業の振興とそれを支えるための人材育成などに取り組むとした。そうした対策も効果を生みそうにないような僻地《へきち》の住民については、条件の良い土地に集団移住させる一千万人規模の移住計画を打ち上げ、そのために九千五百億元を投じる計画まで打ち出した。

国務院扶貧開発指導小組弁公室の劉永富《りゅうえいふ》主任は二〇一五年十二月の会見で、中国政府が一九九〇年代から歴史的な大事業として取り組んだ三峡ダム建設を引き合いに出しながら、「一千万人は一つの国の人口にも匹敵する数だ。あの三峡ダムの建設ですら移住したのは百二十万人に過ぎず、しかも十数年の時間をかけた。一千万の農民を五年で移住させようとするのだから、どれだけの仕事が必要かお分かりだろう」と、事業の大きさと難しさを強調した。

習は福建省の副書記だった時代に、内陸部の寧夏回族《ねいかかいぞく》自治区の底上げ支援を担当したことがある。一千万人の移住計画を打ち出した後、かつて自分が、寧夏の区都、銀川《ぎんせん》近郊に村をつくって貧しい地域の住民を移住させた経験を披露して、それが大胆な構想の土台になったことをほのめかしている。

農地改革

一連の改革で移住する農民は、一千万人にとどまらない可能性もある。

二〇一六年四月、習は安徽《あんき》省鳳陽《ほうよう》県の小崗村《しょうこう》に足を運び、「農村改革座談会」を開いた。小崗村は文化大革命が終わってまもない一九七八年、人民公社が土地も生産も管理する集団制をひそかに捨て、「生産請負制」を全国に先駆けて導入した村として知られている。生産請負制とは、一定の土地を請け負った農家がノルマ分の収穫を国に納めれば、残りを市場などで売ってもよいとする仕組みだ。まだ私有財産はタブーとされた時代、国家への反逆として責められるのを覚悟で、村人たちが「幹部が捕まって死刑になったらその子は村人みんなで育てる」という連判状を書いて行動に踏み切ったことは、あまりにも有名だ。

習は座談会で「農村改革発祥の地で開くこの会議は特別な意味を持っている」と切り出し、農民が持つ農地の「経営権」を第三者に移転できるようにする改革に本腰を入れる姿勢を強調した。

この改革は、農民たちの出稼ぎが長年続いた結果、放置されたままの田んぼや畑が増えてきたことなどを背景に二〇〇〇年前後から進められてきた。生産請負制が農民に自分の才覚と努力で農地を生かす自由を与える制度だったとすれば、その土地の運営を他人に委ねる自由を農民に与えるというものだ。農地を集約して技術や資本力のある農家や組合、企業に経営させることで生産性を高め、農業の現代化や食料自給率の確保を図る狙いもある。

付加価値の高い作物をつくれる土地や気候の条件、市場へのアクセス、新しい農業経営への知識や意欲を持つ人材の育成など課題は多く、政府の補助金や所得補塡《ほてん》なしに自立した農業を確立するのは容易ではない。それでも二〇一六年六月の政府統計では、国有農地や林地などを除く農民の請負農地のうち、経営権が第三者に移転された農地はすでに三分の一に達している。

中国では二〇一一年に初めて都市部の「城鎮《じょうちん》人口」が農村部の「郷村《ごうそん》人口」を上回った。習指導部は農民の「市民化」を進めるとして、農村から都市への人口の流入と定着を促す方針を示している。そのためには長年、農民を土地に縛り付けてきた戸籍制度や農村と都市でシステムが異なる医療保険、学校教育などの大幅な見直しが欠かせない。一連の改革が指導部が思い描くように進むかどうかは分からないが、本当に農民の都市への流入が進めば、産業構造も含めて中国の国の形そのものが変わることになる。

政権の浮沈をかけた大仕事

「数億人の農民の存在が抜け落ちているのは、あなた方外国人が中国を理解する上での一番の問題です」。山東省の貧しい農村に育ち、独学で法律を学んだ「盲目の人権活動家」、陳光誠《ちんこうせい》に、私はこう言われたことがある。

実に耳の痛い指摘で、中国の農村を取材する機会は何度もあったが、方言の壁や外国人慣れしていない彼らの戸惑い、問題が起きないようにと神経をとがらせる地元当局の介入もあって、彼らの本当の声や暮らしぶりに触れたという手応えが得られたことは少なかったからだ。都会に住む中国人に聞いても、農民がどんな思いでどんな暮らしをしているのかをきちんと理解している人は多くない。都市化が進んでいるとは言え、なお人口の半分近くを占める農民たちの本音や実際の暮らしを知らないということは、この国とこの国の政権を理解する上での大きな足かせになっていると私は思っている。

図 2-5　河南省の農村風景（2011 年 7 月）

中国の歴代統一王朝の多くが異民族の襲来か、農民と彼らに担がれた土着の実力者の反乱によって衰え、滅んできた。

二〇一六年十月、共産党が国民党の攻撃にさらされて都市を逃れ、およそ一万二千キロメートルを踏破した「長征」が終わって八十周年を記念する大会で、習は「水は舟を浮かべもすれば、舟を転覆させもする。民こそ天であり、大地である。人民を忘れ、人民から離れれば、我々はすぐに泉のない水、根のない木になる」と強調した。長征を通して農民と農村に革命の足場を置く路線を固め、その支持を受けて政権を取った共産党であればこそ、農民たちを敵に回さないことの重要性を強く意識していることをうかがわせる発言である。

習はまた、前述した陝西省延安のほか、河北省西柏坡《せいはくは》、福建省古田《こでん》、貴州省遵義《じゅんぎ》などの「革命老区」と呼ばれる地域に好んで足を伸ばし、そこに住む人々の暮らしを底上げするよう繰り返し命じている。革命老区とは、共産党が政権を取る前、旧日本軍や国民党と戦っていた時代に根拠としていた革命の聖地であり、山間部で今も貧しい地域が多いとされる。

かつて共産党を支えた農民が経済発展の恩恵にあずかれぬまま格差社会の底辺に沈んでいるという現状は、共産党はいったい誰のための党なのか、という問いに直結する。鄧小平の「先富論」の下、共産党は国の経済建設を急ぎ、江沢民指導部の下ではついに「三つの代表」という理屈を打ち出して私営企業家の入党を認めた。庶民は、共産党が企業家を取り込むことは時代の要請として受け止めたものの、党の幹部たちが彼らと癒着し富や快楽におぼれる姿に怒りを膨らませてきた。失われた党への信頼を取り戻すという意味で、「反腐敗」と「脱貧困」は裏表の関係にあると言ってもいい。

習は二〇一五年九月の訪米の際、シアトルでの演説で改めて梁家河村での体験を語った。「私は農民になり、村人たちと窰洞で寝床を共にした。村は貧しく、肉を食えるのは何カ月かに一度だった。私は村人たちが一番何を必要としているかを知った。この人たちに腹いっぱい、肉を食べさせたい。それが私の願いだった」。そして「今年の春、その村を再び訪れて、中国の夢は人民の夢。いい暮らしをしたいという人民の願いをかなえて初めて成功と言えるのだと改めて思った」と述べた。この言葉は、「中国の夢」の成否を決めるのは農民であるという習の強い意識の表れに違いない。

共産党機関紙『人民日報』は二〇一七年二月、習が地方時代にいかに貧困対策にこだわってきたかを伝える長文の記事を掲載し、「脱貧困こそ、全党、全国の要の中の要となる仕事だ」とする習の言葉を伝えた。習はその中で「この仕事が成し遂げられず、人民と歴史に申し開きができなくなることを私は大変恐れている」とも語っている。農民の暮らしを向上させることによって、共産党が中国を率いる理由をもう一度示すことができるか。脱貧困は政権の存続をかけた挑戦でもある。

第三節　国家の繁栄、市民の憂鬱

スウェーデン人拘束事件

二〇一六年一月三日の夕方、スウェーデン人のピーター・ダーリンは、北京の空港に向かう車中から、母国の駐中国大使館員に携帯電話でメッセージを送った。

「プレッシャーを感じている。今から北京を脱出するつもりだ」。ヒリヒリするような彼の焦りが伝わってくる文面だったと、この外交官は振り返る。この時、ダーリンは香港経由でタイを目指すつもりだったというが、空港にたどり着く前に北京市国家安全局の車に追いつかれて拘束された。

ダーリンは二〇〇九年に北京でNGO「チャイナ・アクション」を設立した。その説明によれば、チャイナ・アクションは人権活動に取り組む中国の活動家や弁護士らへの法律的なアドバイスを主な目的としていた。規模が小さく、北京のNGOの中でそれほど目立った存在ではなかったが、二〇一五年の暮れごろから、そこで働く中国人スタッフたちが頻繁に当局者の呼び出しを受けるようになった。彼らがぶつけられた質問には、ダーリンの仕事ぶりや交友関係などが含まれていた。当局の関心が自分に向けられていると確信した彼は北京からの脱出を図ったが、当局ににらまれた人物の電話やメールが傍受され、空港やホテルからもすぐに連絡が入る中国の体制下ではそれは無謀な試みだった。

その十日後、中国政府はダーリンを拘束し、国家の安全に危害を与える活動に資金援助したという疑いで取り調べていることを明らかにした。スウェーデンをはじめ欧米諸国が強い懸念を表明する中、一月十九日の夜、中国国営メディアは彼とチャイナ・アクションを巡る容疑についての特集記事や特別番組を一斉に流し始めた。

報道はチャイナ・アクションが必要な登記をせず、七つの海外組織から一千万元(約一億九千万円。二〇一六年一月当時)近い資金を受け取り、人権派弁護士らに給与として支払っていたなどと指摘した。拘束された中国人スタッフが「ダーリン氏は西側の反中国勢力が中国に送り込んだスパイだ。党や政府に不満のある人々を扇動し、中国の社会制度を変えようとしていた」と証言する姿も流した。

「公開懺悔」の狙い

北京の外交官や海外メディア関係者を驚かせたのは、ダーリン本人もテレビカメラの前で、

「中国の法に違反し、中国の政府と人民を傷つけた」と謝罪させられたことだ。習近平指導部になってから、反政府的な言動があったとして拘束された中国人活動家らが、起訴前の段階で国営メディアのカメラの前で懺悔《ざんげ》させられることが目立つようになってはいた。しかし、人権意識の高い欧米諸国からの反発を承知で、外国人を容赦なくカメラの前に引きずりだすやり方は、これまでの指導部にはなかった挑発的なものだった。

図 2-6　コスプレで女性への暴力反対を訴える NGO のメンバー（関係者提供）

　同じ頃、当局の圧力を受けていた海外NGOは、チャイナ・アクションだけではなかった。肝炎を患う人への差別や性差別などに幅広く取り組んできたNGO「北京益仁《イーレン》平《ピン》」は、痴漢防止を呼びかけるステッカーを作って配ろうとした職員が拘束されたり、七年も前につくったパンフレットに問題があったなどとして家宅捜索を受けたりし、事務所が閉鎖に追い込まれた。北京を拠点に人権活動に関わっていた別のNGOでは女性現地スタッフが当局者に呼び出され、夫の勤め先や子どもの学校の名前を挙げて「家族の暮らしや将来のことを考えろ」と脅かされたりした。環境問題などに取り組むほかのNGOにも地元の派出所の警察官が頻繁に顔を出して活動内容やメンバーの顔ぶれなどを聞いて回るようになり、チベットで貧困や教育問題に関わっていた海外NGOも次々と撤退を余儀なくされていた。

結局、ダーリンは一月二十六日に国外退去という形で釈放された。裁判まで持ち込まなかったのは、スウェーデン政府への配慮もあったと見られるが、解放に向けて交渉に当たった外交官は「中国当局は、海外NGOはいかがわしいというイメージを十分世間に植えつけられたと考えたのだろう」と話した。

海外NGO管理法

ダーリンの事件が起きた当時、中国では「海外NGO管理法」という新しい法律の審議が続いていた。対象になるのは海外から人材や資金面などの支援を受けるNGOで、その数は七千以上に上るとされる。あいまいだったその法的な立場を定め、社会における役割や運営のルールを明確にするというのが目的だったが、本当の狙いが当局による取り締まりの強化にあるのは一目瞭然だった。管理責任を政府の民生部門や商工部門から公安当局に移し、活動の内容や資金の流れなどを厳しくチェックする仕組みを整えるほか、反社会的、反政府的な動きには厳しい罰則も設けるとした。ダーリンが拘束されてから三カ月後、法律は若干の修正を加えたうえで「海外NGO国内活動管理法」として成立した。

中国ではNGOに国内の企業や市民が資金援助するという文化が育っていないため、大半のNGOは、何らかの形で海外の政府や基金会(財団)、企業などに財源を頼らざるを得ないのが実情だった。たとえば、「北京益仁平」の幹部によると、当局の圧力が強まる前の二〇一三年ごろの年間予算は約百万元(約一千六百万円)で、うち約九割は海外からの資金だった。ほかの大手環境NGOなども事情は似たり寄ったりで、海外の政府や基金会などのプロジェクトは期間の短いものが多く、資金繰りは常に綱渡りだった。しかも外貨の出入金には金融当局が厳しい規制を敷いているため、まとまったお金を受け渡しすることができず、あるNGO幹部は「香港で先方の担当者と待ち合わせ、現金を受け取って小分けにして持ち帰ることもあった」と明かす。そうやって何とかつなぎとめてきた資金を断ち切られれば、活動できなくなるNGOは少なくない。

さらに、新法に盛り込まれた「反政府的な活動」の定義があいまいなため、政治と直接関わりのないNGOも萎縮《いしゅく》させかねないとの批判は、欧米だけでなく国内のNGO関係者や専門家からも相次いでいた。その中で、何としても法案を通したい当局が、「海外NGOは危険」というイメージを植えつける世論工作が、ダーリンの「公開懺悔」だったというのが、中国当局と交渉を続けた外交官の感触だった。

改革開放で中国が目指したのは、文化大革命などの混乱で立ち遅れていた経済を建て直して国力を高めると同時に、それによって国際社会での地位を回復していくことにあったといっていい。一九八九年の天安門事件という挫折はあったものの、鄧小平以降の歴代指導部はその時々の国内事情と折り合いをつけつつ、「世界の目」を多分に意識しながらその目標に近づいてきた。しかし、海外ＮＧＯに対する厳しい態度は、欧米の批判をはねつけ、内政への干渉は許さないという習近平指導部の強硬な姿勢を強く印象づけた。

カラー革命の教訓

共産党政権が、海外ＮＧＯに神経をとがらせるようになったのはなぜか。米中のＮＧＯ関係者や研究者は、二〇〇三年のジョージアの「バラ革命」や翌年のウクライナの「オレンジ革命」など旧ソ連圏で親米政権を生んだ「カラー革命」がそのきっかけだったとの見方で一致する。

米議会などを後ろ盾に、民主主義や人権の普及を掲げて各国のグループや活動家を支援してきた全米民主主義基金（NED）のルイザ・グリーブ副会長は「カラー革命がターニングポイントだったのは明白で、独裁的な政府の警戒を呼ぶ引き金だった。ロシアや中国の情報機関は大がかりな調査をし、国際的なNGOの動きが国境を越えて政権を揺るがしかねないと判断して対策を打つようになった」と語る。

中国共産党はゴルバチョフ書記長が進めた改革政策「ペレストロイカ」から、ベルリンの壁の崩壊、旧ソ連の解体までのプロセスを綿密に研究したと言われている。ソ連崩壊の本質をつかむことは体制を維持するための死活問題であり、その中で、米欧が経済や文化などの非軍事的な力で中国の体制転覆を謀っているという「和平演変」の考え方が力を持った。

それだけに、欧州を襲った新たな民主化の波とも言えるカラー革命を中国共産党がつぶさに研究したのは当然だった。共産党は各国に配した大使館や国営メディア、国内の専門家らによる分析から、特に米国を後ろ盾にするNGOがそれらの国々に根を張り、民主化への市民の意識を高め、政権の転覆に大きな力を発揮したという教訓を得た。軍内に残る冷戦時代さながらの露骨な反米イデオロギーを映し出した宣伝映画「較量無声」も、米国の支援を受ける国内のNGOを厳しく批判していることは第一章で触れた通りだ。

中国は天安門事件や旧ソ連の崩壊の後も、一九九二年に鄧小平が行った「南巡講話」で経済発展を優先する路線に戻り、改革開放政策をやめなかった。鄧の後を継いだ江沢民や胡錦濤も経済を中心に国際社会とのつながりを強め、市場を開放するという現実路線を維持していた。それなのに、いや、だからこそというべきかも知れないが、イデオロギーの面では保守的な考え方が共産党の内外に根強く残り、政治や社会分野の改革が進もうとすると、それを拒む力として立ち現れ、引き戻す力として働いてきた。海外NGO国内活動管理法の制定は、イデオロギー面での保守回帰とも言える動きが習指導部の下で強まっていることの現れにほかならない。

当局の警戒ぶり

二〇一四年一月、歴代指導者が眠る八宝山革命公墓に近い北京郊外の地下鉄駅で、私はある女性を待っていた。女性は左右に目をやって周囲の動きを確認した後、階段を下りてきた。切れ長の目などが、その日、北京市第一中級人民法院(地裁)で懲役四年の実刑判決を受けた弟の許志永《きょしえい》にそっくりだった。

憲法が認める庶民の権利の実現を求める「新公民運動」と呼ばれた取り組みが弾圧され、許はそのリーダーとして前年夏に拘束された。彼の裁判には国際的な関心が集まり、この日、裁判所には朝早くから多くの海外メディアが駆けつけた。当局は裁判所の周囲数キロメートルの範囲に警戒線を張ってメディアや市民を遠ざけ、無数の警察車両が行き来して一帯はものものしい雰囲気に包まれた。かり出された警察や治安当局者は、制服、私服を含めて少なくとも数百人はいただろう。裁判を傍聴した関係者と裁判所の近くで接触するのは無理だと考えた私は、ショートメールで許の姉と連絡を取り、少し離れた地下鉄駅で待ち合わせたのだった。

市内の病院に入院している許の妻に裁判の様子を伝えに行くという彼女を送りながら、私たちは地下鉄の車内で話すことにした。足早に改札を抜けると、そこにいた若い二人組の男が我々を追ってきたのが分かった。ホームに下りると、白いコートを着て本を読んでいた学生風の女も、もたれかかっていた柱から体を離して私たちを追ってきた。二人組の男たちは電車の入り口に立ち、女は私たちの斜め前に座って時折、私たちの方に視線を送ってきた。目指す駅に到着して我々が電車を降りると、三人は我々に続いて席を立った。女はホームの人混みの中で姿を消したが、男たちは一定の距離を開けたまま、ずっと我々に付いてきた。

私は思い切ってきびすを返し、あえて彼らに私たちが目指す病院への道順を聞いた。二人はバツの悪そうな顔をして「分からない」と答え、ようやく遠ざかっていった。それまで何度も人権活動家や住民の抗議運動を取材してきたが、この時の当局の警戒ぶりはそれまでとはレベルの違うものだった。

新公民運動

「新公民運動」とは、官僚の腐敗や専横ぶり、地方出身者に差別的な教育制度などに不満を持つ人々が、言論の自由や集会の自由など、中国の憲法が認めている権利を足場に、その改善を訴えようとした動きだ。

運動のはじまりは二〇一一年の秋、北京の人権派弁護士や政府非公認のキリスト教会の信者などが呼びかけ人になって開いた小さな食事会だった。当局に警戒されないよう事前に連絡は取り合わず、毎月決まった店に決まった時間に集まり、議論した。陳情などのため全国各地から北京に集まる活動家たちも口づてで食事会に招かれるようになり、そうしたやり方を各地に持ち帰った。

それまで、庶民がその権利を訴える動きは政府への批判と見なされやすく、政府当局に抑え込まれるのが常だった。そこで知恵を絞り、憲法に基づいて世の中を良くしていくという主張にとどめ、共産党政権そのものへの批判は慎重に避けたところにこの運動の新しさがあった。

水面下でネットワークを広げてきた彼らが社会の表に出たのは、二〇一三年のはじめのことだ。北京のメンバーが街頭で公務員の資産の公開を求めるスローガンを掲げ、その写真をネット上

図 2-7　公判が開かれた裁判所近くで許志永に声援を送る支援者(2014 年 1 月)

で公開すると、それをまねる動きが全国各地に広まった。

公務員の資産公開は共産党内でも議論されていた経緯があり、その前年の党大会で最高指導部入りした兪正声も上海市の書記時代、「(腐敗の監視は)制度によらなければならない。党中央が決定すれば、自分はすぐにでも公開する」などと述べていた。共産党を緊張させたのは訴えそのものというより、ネットなどをツールに各地の人々がつながり、一斉に声を上げ始めたことだった。

当局はすぐに各地の中心的なメンバーたちを拘束し、運動を抑え込んだ。拘束された中には、不動産業などで成功を収めた実業家の王功権《おうこうけん》もいた。王は拘束される二週間前、私のインタビューにこう話した。「自発的で散発的な運動を後押ししたのは、理性的に庶民の権利を求めていくという大きな潮のような意識の広がりだ」。

二〇一〇年、共産党の独裁を批判する「〇八憲章」を起草したとして国家政権転覆扇動罪に問われた「獄中の人権活動家」、劉暁波《りゅうぎょうは》がノーベル平和賞を受賞した。授賞式のステージに置かれた空のイスは、そこに座っているべき人の境遇を浮き上がらせた。彼の受賞は重圧に負けず政治改革を目指す中国の活動家たちに光を当てる一方、祝福されるはずの本人が懲役十一年という重刑に服している現実を改めて知らしめ、真正面から共産党に抵抗することの過酷さも浮き彫りにしたのである。

しかし、政治的な発言や行動がどんなに厳しく制限されても、中国社会をより公正で風通しの良いものにしたいという人々の思いは絶えることがない。社会の安定を願う市民も増える中、直接的な民主化要求や共産党批判に替わる新たなうねりとして現れてきたのが「公民意識」の広がりだった。共産党政権を支えその支配に従う政治的な意味の強い「人民」に対し、「公民《コンミン》」とは主に暮らしや生命に関わる権利意識に目ざめた人々を指す。新公民運動が目指したのは、そうした人々がつながる「公民社会」を育て、広げることだった。経済発展のひずみの中で軽んじられ、危険にさらされてきた自分たちの暮らしや命を自分たちで守ろうとする考え方が広がった背景として、守るべき生活と財産、そして幅広い知識や情報を持つ中間層が育ってきたことも見逃せない。その意味で、「公民」とその運動を生んだのは改革開放による中国の発展だったと言ってもいいかもしれない。

早くは二〇〇〇年代の初め、貧しい農民の「売血」によって広がった河南省のエイズ問題への民間支援がそうだったし、二〇〇八年の北京五輪の前後には急速に進む都市開発で強制退去を求められる住民たちの抗議活動が頻発した。またその頃には化学工場の建設反対運動が各地に広がるなど、環境意識の高まりも目立ってきた。そうした「公民意識」の受け皿となり、彼らの動きを方向付ける役割を担ったのがＮＧＯであり、「維権律師」と呼ばれる人権派の弁護士たちだった。

エイズウイルス感染者の支援をはじめ中国の人権問題に幅広く関わり、欧州議会の「サハロフ賞」を受けた胡佳《こか》はよく「米国はこうした人々やグループこそ、中国社会を変え、ひいては政治改革を促す主役になりうると考えるようになった」と語っていた。ＮＥＤのグリーブ副会長も「こうした動きが重要なのは、それが一九八〇年代はもちろん、九〇年代にもあり得なかったことだからだ。電話も十分に行き渡っていないような時代に市民が何かを組織することはできなかったが、社会と経済の発展は中国を劇的に変えた。市民は自分たちの生活をより良くするために、憲法にも書かれている自分たちの権利を意識するようになった。その権利を実現することは、民主的な制度を求める声にもつながっている」と話す。

そういう人々の声が政府を動かしたのが、二〇一一年七月、浙江省温州《おんしゅう》で起きた高速鉄道追突脱線事故だ。中国の高速鉄道建設は二〇〇八年のリーマンショック後の景気浮揚策として加速し、鉄道省は驚くようなテンポで高速鉄道網を広げ、車両のスピードを上げていた。中国の発展を象徴する国家的なプロジェクトでもあったが、事故車両を土の中に埋めようとして世界をあぜんとさせた対応は、乗客の命を預かるという政府当局の意識の欠落をはっきりと映し出した。

これに怒った市民や、ふだんは本音を書けない記者たちが、「中国版ツイッター」として広がり始めていたソーシャルメディア「微博《ウェイボー》」を通し、次々と批判の声を上げた。今でこそ政府はソーシャルメディアへの管理を強めて、都合の悪い書き込みをすぐ削除したり、書き込んだ本人を割り出して検挙したりするようになったが、当時はこの新しいコミュニケーションツールをコントロールする十分なすべを持たず、庶民の怒りの声はまたたく間に広がった。この動きは党指導部を慌てさせ、後の鉄

図 2-8　人権活動家・胡佳
(2014 年 7 月)

道省トップの摘発や長年の懸案だった鉄道省の解体・再編にもつながった。この鉄道事故は、中国の世論が政権を動かすだけの力を持つようになっていることをはっきりと示し、政権側がネットの管理も含めた世論対策を国の治安と体制の維持に関わる問題ととらえるきっかけにもなったのである。

強まるメディア規制

世論の力を意識する習指導部は、メディアの引き締めも強めた。広東省を拠点に独自の取材力と進歩的な論調を守ってきた週刊紙『南方週末』など、有力な新聞や雑誌の生え抜きの幹部に替えて党宣伝部の人間を送り込み、その編集方針を変えさせた。ソーシャルメディアの管理に本腰を入れ、アカウントの登録を実名制にしてネット上での書き込みに関する刑罰も厳しくした。党や政府にとって都合の悪い情報が広がらないよう大手ポータルサイトやサーバーの運営会社にも責任を負わせる仕組みをつくり、業界内での自主規制も強まった。

習近平の父親の習仲勲は、副首相になる前、改革開放の最前線である広東省のトップも務めた改革派の指導者として知られた。その息子の最高指導者就任には、政治・社会改革を望む人々からも期待が寄せられていた。習が就任から間もない二〇一二年十二月に開いた現行憲法の施行三十周年の記念大会で、「法治」の実現を目指すと力強く宣言したことなども改革派の知識人に明るい展望を抱かせたのである。

しかし、共産党が言論政策の面で統制を強める中、習自身が少なくともイデオロギーの面でむしろ保守的な理念の持ち主であるらしいことも次第に明らかになってきた。二〇一三年春、習指導部は党中央弁公庁を通じて「九号文件」と呼ばれる内部通知を出し、民主や人権などの普遍的価値や報道の自由、司法の独立、共産党の歴史的な誤りなどを語ってはならないと指示した。後に「七不講」と呼ばれるようになったこの通知が禁じた項目には「公民社会」や「公民の権利」への言及も含まれていた。

さらに改革派の知識人や各国の大使館を驚かせたのは二〇一四年二月、共産党の政治を理論面で支える中央党校で開いた会議で、習が全国から集まった各省・直轄市の指導者たちの前で行ったという演説だった。

習は「政府のガバナンス」について語り、新華社通信などもその内容の一部を伝えたが、会議の本当のテーマはそれではなかった。北京の外交官が複数の出席者に確認したところでは、実は習は「ガバナンス」についての演説が終わった後、三時間近くにわたって人権や民主、自由といった欧米の理念が映画などを通じて中国に浸透していることへの危機感を語った。そして中国にいる欧米や日本などの大使館関係者、メディア、そしてNGOを「階級の敵」と呼び、その動きに警戒するよう地方の指導者たちに求めたという。

欧米の価値や理念に対する反発をむき出しにしたこうした発言は、その後、国際社会の批判もはねつけながら繰り広げられたNGOや人権派弁護士への厳しい取り締まりの号砲とも言えるものだった。

ある雑誌の終焉

二〇一六年七月、中国の改革派の言論を代表してきた月刊誌『炎黄春秋《えんこうしゅんじゅう》』の社長を解任された杜導正《とどうせい》がこんな声明を発表した。

「今後、『炎黄春秋』を名乗って刊行されるいかなる出版物も、弊社とは一切関係ありません」。

当局が送り込んできた編集幹部の下で発行は続いても、もはや本来の『炎黄春秋』ではないという宣言であり、中国の進歩的な思想の砦《とりで》として、これまで築き上げてきた信頼と誇りをけがされたくないという叫びのようでもあった。

習指導部になってから、『炎黄春秋』を巡る環境は厳しさを増していた。記事の事前検閲が強まったり、監督機関を党の影響力の強い団体に変更させられたりし、副社長などを務めた楊継縄（けいじょう）をはじめ、長年、雑誌を支えてきた編集幹部が当局の圧力にさらされ、やむなく去っていった。残ったスタッフたちが何とか発行を続けてきたが、監督機関の命令で杜も解任されてついに力尽きた形だった。

　一九九一年に創刊された『炎黄春秋』は、胡耀邦元総書記の息子の胡徳華《ことくか》らの支えを受け、共産党体制の下で政治改革や経済改革を促そうとする穏健な改革派言論人のよりどころになってきた。胡耀邦や趙紫陽元総書記ら、一九八〇年代の改革派指導者たちの志を引き継ごうとする共産党内の声を代表していたと言ってもいい。

　胡錦濤指導部から習指導部への代替わりが迫っていた二〇一二年春、私は当時の呉思《ごし》編集長を訪ねた。日当たりの悪いビルの一階にある小さなオフィスだったが、山積みになった手書きの原稿や資料の間をスタッフたちが忙しく行き交い、活気があった。

　私は彼に、引退を間近に控えていた温家宝首相についての評価を尋ねた。趙紫陽の側近だった温は、改革派の知識人から期待を寄せられる指導者だったが、胡錦濤指導部は政治改革の面ではこれといった成果を上げないまま、その時代を終えようとしていた。

「温は外遊の時に何度か政治改革に言及しただけで、実際のところはそれらしいことを何もしなかったのではないですか」と聞いた私に、呉編集長はそうではないと穏やかに笑い、こう言った。「共産党の最高指導部に彼のような人物がいることで生まれる空間というのがある。我々はその空間で生きているのです」と。

その後、習近平指導部の下でジワジワと『炎黄春秋』が追い込まれる姿を目の当たりにして、私はようやくその時の彼の言葉の意味が分かるようになった。共産党の内部にも路線や政策を巡る様々な意見と立場があり、常に綱引きが行われている。胡錦濤指導部で政治改革を唱える声が主流になることはなかったものの、温のような指導者が防波堤となって保守派の圧力を弱めてきたことで『炎黄春秋』は発行を続けてくることができた。呉が言おうとしていたのは、おそらくそういうことだった。裏返して言えば、『炎黄春秋』が追い込まれた昨今の現状は、共産党の上層部から改革派の声を守ろうとする指導者が消えたことの証しでもある。

指導部の自信と危うさ

習近平指導部の下で盛んに使われるスローガンに「中国の特色ある社会主義の歩んできた道への自信、理論への自信、制度への自信、文化への自信」というものがある。二〇〇八年のリーマンショックで欧米の経済が冷えこんだ時、中国は大規模な独自の景気刺激策などを打って

「成長センター」としての機能を守り、世界経済の回復に向けたエンジン役を担った。この成功体験が、中国に与えた「自信」は計り知れない。

リーマンショックと並んで、共産党のそうした自負と確信を固めた事件として二〇一一年、中東諸国で起きた「アラブの春」とその後の政治混乱がある。民主化を求める市民たちがソーシャルメディアを駆使してつながり、長年、君臨してきた独裁者たちを追いやったが、多くの国では新しい政権が宗派や民族の対立を抑えて国をまとめる力を持たず、ＩＳＩＳなどのイスラム過激派勢力の台頭を許した。国が乱れ、穏やかな暮らしを失った人々の姿は、中国の人々にも共産党が倒れた場合の中国の運命を考えさせたのである。

北京に暮らす私の友人は二〇一五年の冬、エジプト旅行に行った。エジプトも革命後に治安が乱れて外国人観光客が激減し、ピラミッドで有名なギザなども拍子抜けするほど人が少なかったという。手配されたガイドは北京の中国人民大学に留学していたという青年だった。流れるような中国語を操る彼は、混迷する祖国の現状をひとしきり嘆いた後、「あなたたちは、強いファラオを戴いていることをもっと喜ぶべきだ」と言ったという。

四十代後半のその友人は、一九八九年の天安門事件を学生として迎えた世代だ。民主化が実現されると信じた当時の記憶を胸に刻んでおり、その後、政治改革が遅々として進まず、むしろ言論などへの統制が強まっていることを憂えてきた。それだけに、エジプトの青年から中国の成長と繁栄ぶりを褒められ、習という「強いファラオ」へのあこがれを聞かされたことにひどく戸惑い、考え込まされたという。

中国の民主化を求めて闘い続ける人々を私は何度も取材し、難しい状況の中で信念を貫く強さに心打たれてもきた。しかし、彼らのような生き方をする人が中国全体の中ではごく一部であるのも事実だ。民主化への期待が高まった一九八〇年代の時代の空気を知る人々も、その大半は様々な思いを抱えながらも現実と折り合いをつけ、それぞれの生活と人生を築いてきた。エジプトを旅行した知人も、自分が育った文化大革命時代の貧しさを思えば、北京に自宅を構え、年に何度か海外旅行を楽しむようになった今の暮らしぶりに我ながら感嘆することがある。息苦しさや不満は常にあっても、天安門事件以降の中国の歩みを否定することもできないという思いも強くなっている。

共産党の言う「自信」は、世の中の少なからぬ人が抱くそうした達成感と結びついている。改革開放以来の三十年余りでおよそ十三億人の人々をともかくも衣食足りる状態にし、世界第二の経済大国にしたという彼らの自負は、その前の百年の屈辱と苦難と対比することで一層強く縁取られる。

しかし、自信を深めれば深めるほど、投げかけられる疑問や異論に耳を傾けることを怠り、独善に陥りがちになる道理は、古今東西を通じて変わらない。大国としての自信を固め、「中華民族の偉大な復興」という壮大な夢を語る習近平指導部に、内外の人々が抱くのはその危うさにほかならない。

第三章　十三億人を率いる党

第一節　強まる自負と深まる危惧

王岐山とフランシス・フクヤマの対話

二〇一五年四月二十三日午後、それぞれ政治学と経済学の国際的な権威として知られる米スタンフォード大学のフランシス・フクヤマ教授と青木昌彦名誉教授(同年七月、死去)らを乗せた車が、中国共産党の指導者たちの執務する北京・中南海に入った。一行を迎えたのは、党中央規律検査委員会の王岐山書記だった。七人いる党政治局常務委員の中で序列こそ六位だが、政権運営の鍵となる反腐敗のタクトを委ねられたことが示すように、指導部の中でもその実力と存在感は際立っている。姚依林元副首相の娘婿であるという「紅二代」としての家庭的な出自もあって、おそらくは習の信頼が最も厚いと見られている指導者の一人だ。

以下は私の取材に対するフクヤマの証言と、会談に同席した中国の金融大手、中信証券の徳《とく》地《ち》立人《たつひと》董事総経理の記録に基づくその時のやりとりだ。

会談は赤いじゅうたんの敷かれた一室で行われ、党中央規律検査委員会や会談をセットした国家外国専家局の官僚たちが二十人以上控えていた。ノーネクタイでサンダルのような布靴というラフな格好で現れた王は、フクヤマと青木に「今日は我々にも講義をお願いしたい」と切り出したが、約一時間半に及んだその会談の大半は、王がその歴史観と世界観を語る場となった。

王はまず「私の専門はもともと中国史でした。一九七〇年代に東洋と西洋の比較研究をして西洋文明を学んだこともある。欧州の歴史も好きですし、最近は人類の歴史についても読んでいます。歴史の研究には終わりがない」と切り出し、世界の政治制度を分析し民主主義の優位を説いたフクヤマの学説をはじめ、『文明の衝突』で知られるサミュエル・ハンチントンや日本の東洋史学者の岡田英弘、十九世紀フランスの思想家トクビルの『アメリカのデモクラシー』などに言及しながら、「欧州の歴史を理解するのも難しいが、中国は欧州以上に複雑です。中国の歴史は長く、人口も多い。中国の歴史を外国人がしっかりと理解するのはとても難しいことです」と述べた。

図 3-1　習近平(後)と王岐山(2017年 3 月，人民大会堂)

独自の道

そしてフクヤマを見ながら「あなたは国家と法治、説明責任の三つの要素が中国の歴史には存在していたと書いてらっしゃいますね」と語りかけ、「中国が現代化していくには長い、長い時間がかかる。我々はまず自分たちの歴史と文明をしっかりと理解して、中国が持っている優れたDNAを現代化に向けた取り組みの中で発揮していかなければならない」と述べ、こう訴えたという。

「二〇一三年に我々は新しいスタート地点に立ちました。五千年の歴史を持つ国が新たなスタート地点に立てたというのは、大変なことなのです。ここまでには長い時間がかかった。この文脈で我々のガバナンス能力、全面的な改革、依法治国(法によるガバナンス)を理解していただきたい。

この国を率いる党が新しいスタート地点に立つ時、そこに十三億の民がいることを忘れるわけにはいかない。これが中国の特色なのです。あなた方が言っていることやあなた方の尺度を我々は理解している。キッシンジャー氏にもお話ししたことがありますが、中国が一つの方向に進む時、十三億人に切り立った崖の上を歩かせるわけにはいきません。中国のことは、まだまだ慎重に進めねばならないのです」。

ここで王が言った二〇一三年とは、習近平が総書記となった翌年、胡錦濤から国家主席の座も受け継いで習近平体制が本格的に動き出したタイミングを指していると見られる。そして習もしばしば口にする「新しいスタート地点」とは、中国が経済と政治の両面で大国としての地位を取り戻し、清末以来の屈辱と苦難の歴史に区切りをつけて、いよいよ離陸の時を迎えたという認識を示すものと考えていいだろう。

王の発言からは、中国人民解放軍国防大学の製作した「較量無声」で軍幹部がむき出しにした欧米への「敵意」は感じられない。民主や法治という理念やそれが人類の歴史で果たしてきた役割を踏まえつつ王が言おうとしたのは、「欧米の歴史も政治制度も研究し尽くしたが、それらの模倣では中国の現代化は進まず、中国には中国のやり方がある」ということだろう。

フクヤマは王から一度だけ質問を促された際、欧米の民主制度を支える柱としての「法の支配」について述べ、「中国で司法の独立は実現するか」と尋ねた。すると、王は「あり得ない」と断言し、「司法もまた党の指導の下になければならない。これが中国の特色です」と付け加えたという。

結論は「共産党」

この会談から一年半たった二〇一六年十月、私はフクヤマ本人に王との会談について尋ねた。フクヤマはまず、「王がなぜ我々に会おうとしたのか。彼は会談を通して、誰に何を伝えようとしたのか。会談そのものが、私にとっては謎のままなのです」と話した。王が「講義をお願いしたい」といいながら、相手に質問をすることもほとんどなく、ひたすら語り続けた姿とその言葉の裏にある意図を、フクヤマも消化しきれないでいるように見えた。

会談の内容は公開される予定はなかったというが、同席した部下たちによって記録され、共産党内の一定のレベルの幹部の目に触れることが想定されていたのは間違いない。民主主義が「人類の統治の最終形」になるかも知れないと言ったフクヤマに会うこと自体、王が政治改革への隠れた意欲を示したと受け止められかねず、政治的にはきわどい行為ではある。その一方、王は会談で、中国には中国の歴史と事情があるとして欧米型の民主主義や法治が絶対ではないということを繰り返し強調した。フクヤマは「私のような米国の知識人に会おうとすることを彼のリベラルな志向の現れと見ることもできるが、彼はただ、共産党への忠誠を示そうとしただけかもしれない。あるいは彼は、共産党がすべてについてまだ格闘している最中なのだということを言おうとしたのかもしれない」と推察する。

ただ、フクヤマは王の言葉から、ある明確なメッセージを感じ取っていた。「彼が言い続けていたのは、この巨大な中国を統治できるのは共産党だけであり、共産党が中国を統治することが極めて重要だということです」。

黙して従え

王の発言に強くにじむのは、改革開放によって中国を貧困と混乱の底からすくい上げたのは共産党であり、いままた外交的にも内政的にも難しい課題と直面しているけれども、その難題と向き合って答えを導き出すことができるのは共産党以外にないという意識である。

王に限らず、この強い自負こそがいまの共産党政権を特徴づけていると言っていいだろう。私がそれを強く感じたのは、各地の活動家らが公務員の資産公開などを求めた新公民運動への共産党の対応を見た時だ。先述したように、新公民運動が掲げた理念や要求は、すべて中国の憲法に明記された庶民の権利に基づいている。活動に関わったメンバーたちは当局に弾圧の口実を与えないために、その主張が憲法の定める範囲を逸脱しないよう注意を払っていた。公務員の資産公開は共産党の指導者も言及していた内容であり、大きな方向性としては共産党が考え、検討しているものと決定的な対立があったわけではなかったはずである。

にもかかわらず、習近平指導部はその運動に対して徹底的な弾圧を加えた。彼らの訴えを問答無用で押しつぶしたそのやり方を見ていて感じたのは、「どんな改革も共産党の考えと計画の下で進められるのであり、庶民は黙ってついてくればよい」という政権側の強い意思だった。

エリート主義の行方

論語に「民はこれに由らしむべし、これを知らしむべからず」という言葉がある。為政者が考えるべきことは民を政治に従わせることであり、その道理を民に分からせる必要はないという意味で解釈されることが多いが、共産党の統治はまさにそれを体現しているかのようである。

全国に張り巡らされた党や政府、国営メディアなどのネットワークを通じて集められる様々な情報は北京の中南海に集められ、その重要度や機密性に応じて一定のレベルの幹部に報告、伝達される仕組みだ。つまり、政権運営に関わる重要な情報は党内のごく一部の幹部が独占し、十三億の庶民はもとより、八千八百万の共産党員も数百万の中堅幹部たちも、その大半はただ粛々と指導部の命令に従うことを求められているのである。

フクヤマは二〇一一年に出版した *The Origins of Political Order*(Farrar, Straus and Giroux, 2011、邦訳『政治の起源(上・下)』会田弘継訳、講談社、二〇一三年)で、中国の歴代王朝が受け継いできた政治システム上の強みに、発達した官僚制度があると指摘した。皇帝がその親族などで側近を固めず、科挙によって社会からえり抜かれた優秀な官僚たちに行政を委ねるそのシステムには、ほかの地域の王朝や国家にはなかった近代性があったとし、官僚たちが皇帝や王族の専横をいさめることで権力のバランスが生み出されてきたと考察した。

中国の封建体制を否定することで政権を取った共産党だが、その思考が伝統的な政治文化の影響を受け、実際の政治制度にも反映されるのは不思議なことではない。皇帝も科挙ももはや存在しないが、王宮に出入りすることを許された一握りの「選良」たちが億万の声なき民を導くという構図は大きく変わっていない。

「十三億人に危ない道を渡らせるわけにはいかない」という王の発言には、選ばれた者として彼らが抱く責任感もにじむ。しかし、エリート意識を強め、社会の声を封じ込める官僚組織が、果たして権力の監視役としての役割を担い、国家を迷走、暴走させないための安全弁になるだろうか。この点についてフクヤマに尋ねると、「中央集権化した官僚組織は非常に効率的だが、私はほかの政治システムをやめてそれを採り入れるべきだとは思わない。権力のチェック機能を欠いた官僚組織は、極めて危険であり、専制的になり得るからだ」との答えが返ってきた。

中南海の門が開かれた時代

中国を正しく導けるのは我々しかいないというエリート意識を、共産党は新中国の成立以来、ずっと肥大させ続けてきたのだろうか。私は必ずしもそうではなかったと考えている。

北京の故宮の西に広がる中南海は、歴代の共産党指導者たちが執務してきた政治権力の中枢だ。無数の監視カメラが据え付けられた高い壁に囲まれ、近くで立ち止まっているだけで当局者が追い払いにくるほどの警戒ぶりだが、その歴史を調べていて随分驚いたことがある。かつて祝祭日になるとその門を開き、市民を招き入れていた時代があったというのだ。

警護を担う中央警衛局が入場券を出して人数をコントロールし、指導者のオフィスや住居のあるエリアに立ち入らせないようにはしていたものの、市民たちはちょっとした遠足気分でやってきて、いまでは中南海の関係者と外国の賓客しか目にすることのできない湖のほとりを散策したりしたという。歴史の中のささやかなエピソードではあるが、市民が湖畔でくつろぐそののどかな風景を想像するにつけ、固く門を閉ざした今日の中南海との落差に愕然とし、共産党と庶民の関係の移り変わりを見る思いがする。

中南海の開放は一九八〇年、改革派指導者の胡耀邦の発案で始まり、胡が死去して天安門事件が起きた一九八九年まで続いたという。国を挙げて階級闘争に明け暮れた文化大革命の混乱から抜け出し、改革開放政策の下、世界への扉を開いたこの時代の伸び伸びとした空気を懐かしむ中国人は今も少なくない。私はその時の息吹を知らないが、人々はまだ貧しかったものの新しい時代の到来を実感し、自分と国家の未来に大きな希望を抱いていたと聞く。

その熱気は、当時の共産党が進めようとしていた政治改革に向けた動きともつながっていた。

表 3-1　改革開放以降の歴代総書記

1982〜	胡耀邦
87〜	趙紫陽
89〜	江沢民
2002〜	胡錦濤
12〜	習近平

一九八七年、胡耀邦に代わって総書記に就いた趙紫陽はその年の十月に開幕した共産党の第十三回党大会で、思い切った政治制度改革案を示した。鄧小平の意向も踏まえ長年の議論を経て上程された改革案には、共産党の指導の下にある政府の権限を強めその独立性を高める「党政分離」、人民代表大会(議会)の権能の強化、「党内民主」の拡大と制度化などの内容が盛り込まれた。

その後の時代も含めて共産党が示した最も具体的かつ大胆なこの政治制度改革案は無事に採択されたが、保守派をはじめとする党内の抵抗は根強く、実際の改革はなかなか進まなかった。

天安門事件と趙紫陽

党内の保革のせめぎ合いが強まる中で一九八九年四月、学生らの敬愛を集めていた胡耀邦前総書記が死去した。胡を悼むために天安門広場に集まった学生がそのまま広場にとどまり、全国から続々と合流してくる学生らと共に上げた民主化要求の声は、かつてないほどの規模と強さに膨れあがって中南海の指導者たちを震撼させた。そしてついに共産党指導部は学生らの声を力で封じ込める決定を下し、六月三日の深夜から翌日にかけ、市内に展開してきた人民解放軍が学生らに発砲する「天安門事件」が起きる。中国政府は当時、死者の数を軍民合わせて三百十九人としたが海外の人権団体などの推計では千人以上とも言われ、真相は今もはっきりしない。いずれにせよ、多くの学生や市民を葬ったその銃弾によって、一九八〇年代の伸びやかな空気は消え去り、共産党はぬぐいがたい傷をその歴史に刻んだのだった。

軍による弾圧が始まる前、趙紫陽が自ら天安門広場に赴き、ハンストを続ける学生らに会って「我々は来るのが遅すぎた」と語ったことはよく知られている。趙はまもなく失脚し、二〇〇五年に死去するまで自宅で軟禁され続けた。

北京随一の繁華街として知られてきた王府井《ワンフーチン》にも近い「富強胡同」という路地に趙の自宅はあり、毎年一月十七日の命日、人々が墓参りをする四月初めの清明節、そして十月十七日の誕生日には、趙を慕う人々が集まってくる。ふだんは部外者が立ち入らないよう当局者が住み込みで見張りを続けているが、この三日間だけは、家族の許可があれば四合院《しごういん》(中庭のまわりを四つの棟で囲む中国の伝統的な住まい)づくりのその家に入ることができるからだ。私もこの富強胡同に通い、趙の愛していたというザクロの木の下で人々が故人をしのぶ詩を読んだりする姿に触れ、かつて中国に広がっていたという民主主義や自由への思いの余熱を感じてきた。

図3-2 趙紫陽を悼み，軟禁されていた自宅に集う人々(2015年1月)

民主改革の生き証人

北京には一九八〇年代、共産党の中枢に存在した民主化への機運を知る人がいる。しかし、その人物にはいつでも気軽に会えるわけではない。党や政府の重要会議が開かれる期間や天安門事件が起きた六月四日の前後など、政治的にセンシティブな時期には自宅の電話が遮断され、連絡が取れなくなってしまう。それ以外の時も自宅アパートのエレベーターホールに二十四時間、監視の男たちが張りつき、うろんな者を見る目でこちらの身元や訪問の目的などを根

図 3-3　趙紫陽の元政治秘書・鮑彤(2015 年 7 月)

掘り葉掘り聞いてくる。身分証もチェックされるので、私が彼を訪れていることは公安や国家安全当局には全部筒抜けだ。自宅での会話も、おそらくチェックされているだろう。

その人とは、趙紫陽元総書記の政治秘書を務め、自らも党中央委員だった鮑彤《ほうとう》だ。趙の下で立ち上がった党中央政治体制改革研究室の主任を任せられ、第十三回党大会の政治制度改革の原案づくりに深く関わった趙の側近中の側近だ。しかし、天安門事件直前の一九八九年五月二十八日に突然拘束され、指導部が戒厳態勢を敷くことを外部に漏らしたなどとして国家機密漏洩罪と反革命宣伝扇動罪で懲役七年の実刑判決を受けた。刑期を終えて出所した後も、前述の通りの厳しい監視が続いている。

彼に初めて会ったのは二〇一三年の五月だった。すでに八十歳を超えていたがエレベーターホールまで迎えに来てくれた時の軽やかな足取りと、握手した時の分厚い手が強く印象に残っている。インタビューを始めてさらに驚かされたのは、その明晰な思考と、信念に裏打ちされた力強い語り口だった。家族以外との接触を厳しく制限されているにもかかわらず、国営メディアが伝える通り一遍の情報だけでなく、国内外で起きていることをよく把握していた。

鮑は、天安門事件によって体制の内側からはじき出されたが、共産党権力の核とも言える政治局常務委員の会議に日常的に列席した幹部の中で、外国メディアにその話をしてくれる人物は、現段階ではおそらくこの人を措いてほかにはいない。

私はその後もチャンスを見ては彼を訪ね、習近平指導部の取り組みへの評価、日本との歴史問題、政治局常務委員たちによる政策決定の仕組み、天安門事件前夜の趙とのやりとり、そして中国にとっての民主化の問題などについて話を聞いた。

「我々の民主主義はなぜウソっぽいのか」

なぜ中国の民主化は頓挫したのか、なぜ政治制度改革は進まないのかと尋ねた私に、鮑はこう語ったことがある。

「政権が恐れているからです。権力を失ったら共産党は瓦解して、中国はバラバラになると恐れている。しかし、そんなことはない。台湾で独裁を続けていた国民党が下野しても、台湾はそこにあり、国民党はまた政権に返り咲いたではないですか。政党が恐れなければならないのはただ一つ。老百姓《ラオパイシン》(庶民)から信頼されなくなることです。そのためには、政権にいる者が老百姓を信じなくてはならない。指導者が信頼するから、老百姓も指導者を信用する。いまも多くの人が趙紫陽を慕うのは、彼の中には常に老百姓がいたからです」。

鮑によれば、趙も鮑も政治制度の民主改革それ自体を口に出して論じたことはなかった。党の路線に関わる大きな問題を二人で語っているのが漏れれば、互いの政治的な立場を悪くする恐れがあったからだという。二人は暗黙の了解の下、当時、中国が抱えていた一つ一つの問題の解決策を考えるに当たって、人民による権力監視や党が牛耳る権限の委譲といったアプローチを試みたというのが実態だった。自分と周囲の間合いをはかりながら、波風を立てすぎないよう物事を運ぶ中国政治の繊細さやきわどさを物語る話である。

ただ、彼は趙が一九八七年、党政治局常務委員の会議と政治局員による会議でそれぞれ一回ずつ、多少の言い回しは違ったものの、同じ問題提起をしたことをはっきりと覚えていた。趙はまず「我々は共産党の民主主義こそ本物の民主で、西側の民主は偽物だと言っているが、なぜあちらの民主の方が本物らしく、我々の方はウソっぽいのか。検討してみる必要がある」と語り、「我々は発展途上国である。我々が貧しいのは経済の基礎が整わず、生産力の発展が十分でないからで、それは老百姓も理解してくれるし我慢もしてくれる。しかし、党と老百姓の関係がうまくいっていないとしたら彼らは許してくれないだろう。それは貧しさとは関係ないのだから。我々は老百姓との関係を良くする責任がある。その点において我々は彼ら(欧米諸国)より勝っていなければならないし、少なくとも劣っていることがあってはならない」と話したという。

民衆との溝

鮑は、趙が民主的な政治制度の導入を模索したのは、「いかに党と老百姓の関係を保つかという問題意識からだ」と断言する。今とは比べものにならない規模ながら、当時も官僚の腐敗が社会問題になる中で、趙は共産党に向けられた庶民の厳しい目を感じ、共産党による統治の正統性のあり方を考え続けていたに違いない。その末にたどり着こうとしていた答えが、庶民を信じて、共産党が牛耳ってきた権限の一部を委ねてみるということだったのだろう。

しかし、彼が示した政治改革の道は、天安門事件で閉ざされた。その後、中国が長足の経済発展を遂げる中、当時の学生の訴えや趙の姿勢をナイーブだったと考える人も増え、民主化や政治制度改革を求める機運は遠のいた。

庭に咲くザクロが花をつけるのを楽しみに軟禁生活を続けた趙は、二〇〇五年一月、失意の

図 3-4　趙紫陽が愛したザクロの木(2012 年 10 月)

まま死去した。遺骨は共産党に貢献した幹部が眠る北京郊外の八宝山革命公墓に埋葬することが許されず、骨壺のまま今も富強胡同の自宅の居間に置かれている。その状況は共産党が天安門事件と向き合おうとせず、事件が党に突きつけたものが当時のままの重みで積み残されていることの証しのように私には思える。共産党は学生らを弾圧したことで安定を得た代わりに、庶民との間に癒やしがたい傷を負ったままなのではないか。

趙紫陽という指導者の神髄は何だったのでしょうかと尋ねると、鮑は「相手が自分を追い込もうとする指導者でも、貧しい農民であろうとも、必ず人を人として重んじ遇する。そういう指導者でした」と即答した。いつか趙の名誉が回復される日は来るでしょうか。そう尋ねると、彼は「中国の問題は突き詰めれば、この国の本当の主人公は誰なのかということです。この問題が解決しなければ、たとえ自分が名誉を回復しても本人は喜ばないでしょう」と答えた。

さまよう文革の亡霊

趙紫陽が天安門広場を埋める学生たちの輪に入っていった時、彼に付き従っていた童顔の腹心がいた。総書記の執務を補佐する党中央弁公庁のトップだった温家宝だ。趙の失脚に巻き込まれず、その後、首相にまで登り詰めたのは、温が政治的な立場としては趙と一定の距離を置いていたことを示している。それでも趙の薫陶《くんとう》を受けた数少ない中枢幹部として、民主派や改革派の知識人から期待されてきたことはすでに述べた（一四三ページ）。

二〇一二年三月十四日、私は全国人民代表大会（全人代）の閉幕直後、人民大会堂で開かれた首相会見に出席した。内外のメディアの質問に対し、中国の首相が二時間余りにわたって答えるという年に一度の大事な会見である。温はその秋の党大会で党指導部から退くことが決まっていたため、その場に立つのはこれが最後だった。

序章で述べた通り、この年の全人代は異様な雰囲気に包まれていた。重慶の公安局長だった王立軍が米国総領事館に逃げ込み、その上司だった薄熙来の政治的な立場が危ぶまれていたためだ。

数百人の記者やカメラマンが見守る中、温はいつものようにゆっくりと、一言一言かみしめるように質問に答え、首相としての仕事を振り返った。会場には「一つの時代が終わる」という感傷も漂っていたが、温のある発言で空気が一気に張り詰めた。

シンガポール紙の記者が政治制度改革について質問したのに対し、温は険しい表情で「文化大革命の残した毒や封建的な影響はまだ完全に取り除かれていない。これまでの改革の成果が再び失われ、文革という歴史の悲劇がまた繰り返される恐れがある。すべての党員と幹部、指導者は危機感を持たねばならない」と言ったのだった。

質問の趣旨に対して唐突な印象もあったこの言葉の真意は、いまもはっきりしない。その翌日、薄の解任が発表されたことからしても、薄とその周辺で進んでいたとされる政争が背景にあったとみていいだろう。ただ、温があえて「文革」という表現を使ったことは、薄の引き起こした党内の混乱が、単にポストを巡る権力争いではなく、深刻な路線対立の様相を帯びていた可能性を強く示唆している。

実は温はその約一年前、薄や王の問題が表ざたになる前の二〇一一年四月にも、旧知の香港人との私的な会合で「国内に文化大革命の負の名残が現れている。彼らは真実を語らせず、好んでウソをつく」と語ったことが明らかになっている。この時の温の「文革」発言を聞いた人々がすぐに連想したのは、当時、薄が重慶で華々しく展開していた革命歌キャンペーンだった。

庶民の心をつかんだ薄の手腕

序章でも触れたが、党長老の薄一波を父に持つ薄熙来は、一九五〇年前後生まれの「第五世代」と呼ばれる指導者の中でも、その経歴、家庭的な背景、洒脱な立ち居振る舞いが際立つスター政治家だった。大連市の書記、遼寧省長、商務相と順調にキャリアを重ねた彼は、二〇〇七年の第十七回党大会で政治局入りを果たして、北京、上海、天津と並ぶ直轄市である重慶のトップに任命された。決して悪い人事ではなかったが、同じ「第五世代」で上海市の書記だった習近平が中央委員から「飛び級」で政治局常務委員入りし、次の最高指導者候補の最右翼に躍り出たため、党内出世レースにおける薄の出遅れ感は否めなかった。

重慶に着任した薄は二〇〇八年の春以降、市民を巻き込んだ奇抜な運動を展開し始めた。文化大革命時代に毛沢東や共産党を礼賛するために盛んに歌われた革命歌を奨励する「唱紅歌」というキャンペーンだ。職場や地域ごとに合唱団がつくられ、朝な夕なに歌うことが求められた。それぞれの合唱団の取り組みを紹介するテレビ番組がつくられ、市内のスタジアムを会場にした数万人規模の大会なども開かれた。二〇一一年九月に重慶で取材したところ、「合唱団のメンバーが足りず、コンテストのために一人五十元払って人をかき集めた」（銀行職員）といった声も聞こえてきたが、必ずしも動員に迷惑顔をする市民ばかりではなかった。

第二章で述べた通り、改革開放の結果として貧富の差が広がり、経済発展の波に乗り遅れた人々は社会に不公平感を覚えるようになっており、彼らの中には、貧しくとも格差のなかった文化大革命の時代を懐かしむ気持ちも芽生えていた。

薄はそのうねりをうまくすくい取った。革命歌キャンペーンだけでなく、低所得者向けの公共住宅を大増築する計画を立てたり、周辺の農村から沿海部の大都市に出稼ぎに出た若者が重慶に戻ってビジネスを始めるための融資制度を立ち上げたり、弱者に寄り添う姿勢を前面に打ち出した。地元で取材すると、薄の手腕を絶賛する市民が実に多いのに目を見張る思いがしたものだ。

北京への挑戦

薄は二〇一一年七月、重慶市共産党委員会の大会で「人民が共産党を政権に押し上げたのは、共に豊かになる社会の実現を期待したからだ」と訴え、「共同富裕」を目指すという決議をした。習近平が総書記として「共同富裕」の実現に本腰で取り組む姿勢を鮮明にするようになる四年も前のことである。薄の取り組みや言動は共産党の施政の基本路線に関わるもので、一地方都市のリーダーの権限を超えていたのは明らかだった。そこに社会のひずみを広げた党指導部に対する批判、あるいは挑戦のにおいを感じた人も少なくなかったのである。法の秩序を無視して薄に批判的な幹部や地元の有力者らを追い落とした「打黒」の逸脱ぶりも合わせ、北京では重慶の動きを危ぶむ声が高まっていった。

二〇一一年九月二十七日、重慶市共産党委員会は北京から政治学者など十数人を集めて、非公開の座談会を開いた。招かれて出席したメディア幹部によると、座談会のテーマは共産党と民衆(中国語で「群衆《チュンチョン》」)の関係のあり方を指す「党群関係」だったという。

重慶市が迎賓館として用いる渝州《ゆしゅう》賓館の一室で開かれた会議には、薄をはじめ重慶の中枢幹部たちも出席した。市が招いたのは「左派」と呼ばれる保守派の学者たちが多く、彼らは口々に薄の取り組みを褒めたたえた。その空気に疑問を感じたメディア幹部は、革命歌キャンペーンについて「文化大革命を連想させるイデオロギーの色彩を薄めた方がいいのではないか」と指摘した。一瞬、その場が凍りついたものの会議は滞りなく進み、最後に薄が総括のあいさつをした。

そこで薄はその幹部に鋭い視線を向けながらこう言ったという。

「私は文化大革命で父が打倒され、自分も獄につながれた。本来なら私は、文革を憎むべきだろう。しかし、長年の思索の結果、今の中国には毛沢東が目指した道が必要だと思うに至ったのだ」。

会議が終わった後、重慶市の幹部が近づいて「薄書記に向かって意見したのはあなたが初めてだ」と、いさめるような口ぶりで声をかけていったという。

「毛の子ども」のとった道

一九六六年に発動された文化大革命では毛沢東とその取り巻きである「四人組」が若者や労働者をあおり立て、政敵を追い落とすための道具のように利用した。階級闘争のイデオロギーの下で法を無視した暴力が広がり、知識人や元地主階級の人々、かつて国民党に加わった人々などが過酷な批判と攻撃を受け、生徒が教師を、子どもが親をつるし上げ、隣人や同僚同士が密告しあうような状況も生まれた。

文革時代、薄の父親の薄一波は北京工人体育館で民衆の前に引きずり出されて批判され、薄の親族と交際のある複数の党関係者によれば、母親は東南アジアに逃亡しようとして広州で捕まり、非業の死を遂げた。薄自身は紅衛兵組織「糾察隊」のメンバーになり、「資本主義の道を歩む実権派」などの烙印を押された党幹部を批判する側にいたが、車を盗むなどの狼藉を働いたとして拘束され、農場で強制労働させられた経験がある。

薄が座談会で言及したのは、自身のそういう生い立ちだった。その彼が、文革回帰を思わせるような政治をあえて行ったのはなぜなのか。本当に貧しい庶民に寄り添うつもりがあったのか、あるいは単に権力の中枢に登り詰めるために党中央へのアンチテーゼを示したのか。薄の裁判や共産党の公式見解をつなぎ合わせれば、後者であった可能性は高いが、真相は分からない。

ただ、薄が既得権益を握る党幹部や富裕層と、貧しい庶民との間に横たわる深い溝を見てとり、そこに手を施すことで何かを揺り動かそうとしたのは間違いない。その動機やアプローチの仕方はまったく異なるが、薄がやろうとしたのもまた、趙紫陽と同じく「党群関係」、すなわち共産党と庶民の関係を再構築する試みだったと言ってもいいかもしれない。

それにしても、そのために薄が選んだのが、怖さを熟知しているはずの文革さながらの手法だったことは理解に苦しむ。薄と同じ北京市第四中学で学び、薄の二歳年下の弟と親交のあった中国政法大学の楊帆《ようはん》教授にその質問をぶつけると、彼はじっと考えた末にこう言った。

「厳しい親に殴られて育った子が、親を憎みながらも同じように子どもを育ててしまうのに似ているかもしれない。薄も結局は毛のやり方しか知らず、またそれが有効であることも知っていた。あの時代、骨の髄まで毛の思想をたたき込まれた我々は、毛に育てられた毛の子どもなのだ」。

毛でもあり、鄧でもある

党中央に挑もうとした薄の試みを打ち砕き、党内に広がった危機感をテコにして強大な権力を身につけたのが習近平だった。序章で見たように、二〇一六年十月の党中央委員会第六回全体会議（六中全会）で、党の「核心」に推戴された習は、「ごく少数の高級幹部は政治的野心を膨らませ、派閥をつくって政治的な陰謀を企んだ」として、薄や彼を支えようとしたとされる周永康らの名を挙げて改めて断罪し、党が結束して党中央の指示に従うよう命じた。

しかし、その習も薄と同じく、文化大革命の中で青年期を過ごした「毛の子ども」といえる世代である。政争に巻き込まれた父親の姿を目の当たりにする一方、下放された陝西省の農村では窰洞のランプの下で毛沢東の著作を読み込んだ。

共産党は一九八一年の決議で文化大革命を「党と国家、人民に深刻な災難をもたらした内乱」と総括し、毛に過ちがあったとした。習指導部も二〇一六年の文革発動五十年の際に『人民日報』の評論という形で従来の評価を踏襲したが、習自身は毛とその政治的な「遺産」について、そうした党の評価とは微妙に異なる思い入れをにじませることがある。

たとえば、総書記になってまもない二〇一三年一月、習は中央党校での演説で「改革開放後の歴史段階からそれ以前の歴史段階を否定してはならないし、改革開放前の歴史段階からそれ以降の歴史段階を否定してもならない」と述べ、物議を醸した。「改革開放前の歴史段階」には文革時代が含まれており、文革や毛沢東を擁護するように取れなくもない言い回しだったからだ。

その一方で習は総書記に就任して最初の視察で深圳を訪れ、改革開放を守るという姿勢を示し鄧小平の路線の継承者であることをアピールしてもいる。

政治とイデオロギーが優先した文革路線と、経済建設を重んじる現実主義的な改革開放路線があったとすれば、前者を象徴するのが毛であり、後者を象徴するのが鄧である。習が言おうとしたのは、いずれもそれぞれの時代を背景にした共産党の歴史であり、その積み重ねの上に今日の中国があるのであって、回り道も含めて共産党がたどってきた足跡は否定されるべきではないということだったろう。政治制度改革のあり方を研究する政治学者の李凡《りはん》は、習のこの発言を聞いた時、「彼は毛沢東でもあり、鄧小平でもあろうとしている」と語った。

習近平が見入った写真

では、習は毛沢東から何を学ぼうとしているのか。その答えの一つをうかがわせるようなエピソードがある。

湖北省武漢市郊外に広大な敷地を抱える東湖賓館は、歴代の指導者が大事な賓客を迎える場として愛用し、「湖北の迎賓館」とも呼ばれてきた。

二〇一三年七月二十一日、盛夏の遅い夕暮れが迫った頃、東湖賓館の一角にある建物にわずかな随行員を連れた習が現れた。そこは毛沢東が生前四十八回も足を運び、時に数カ月も滞在した建物で、現在は「毛沢東の旧居」という記念館になってゆかりの資料を展示している。

記念館幹部によると、「指導者が見学に来る」と連絡があったのはほんの数時間前のことだった。武漢視察を終えた習の強い意向で、夕食前のわずかな時間を割いての訪問だったという。職員の解説を聞きながら毛にまつわる展示を見ていた習は、ある小さな写真の前で立ち止まった。

モノクロの写真は新中国成立から四年後の一九五三年二月、武漢を訪れた毛が、「臭豆腐《チョウドウフ》」という総菜を道ばたで売る庶民とそこに集まった子らと親しげに語っているものだった。職員が「指導者と民衆がこんな風に気持ちを通わす姿は感動的です」と話すと、習は深々と何度も頷《うなず》いた。そして職員が次の展示に向かい説明を始めようと振り返ると、習はなおその写真の前に立ち、じっと食い入るように見つめていたという。おそらく習は、多くの庶民が共産党に無垢な期待を寄せていた時代の空気をその写真に見て取り、思うところがあったのだろう。

習が総書記に就任した二日後の二〇一二年十一月十七日、発足した新しい党政治局の最初の学習会で、「腐敗がひどくなれば、最後は党も国も滅びる」と反腐敗の取り組みへの決意を語ったことは序章で述べたが、同じ場で彼が強調したことが実はもう一つあった。「党と人民が血肉を分かつ関係を維持できれば、国は栄えて安定する」というのがそれだ。

図3-5　習近平が見入った毛沢東の写真(1953年2月)

中国は世界第二の経済大国となり、すべての人がゆとりのある生活を送れるという「小康社会」の目標も現実味をもって語られるようになってきた。しかし、それでもなお、共産党はあらゆる機会を通じて自らが中国を支配する正統性を声高に叫び、証明しようとする。繰り返し唱えられる「自信」と、その裏にある危機感。訴えている相手はほかでもなく、十三億の民である。

「水は舟を浮かべもすれば、舟を転覆させもする」。指導者としての習のあらゆる言動や取り組みは、突き詰めれば、文化大革命や天安門事件、あるいは深刻な腐敗などで遠のいた人民の信頼をいかにつなぎとめ、共産党政権を守っていくかという命題に結びついているように見える。

第二節　「核心」時代の党大会

後継者は現れるか

繰り返しになるが、二〇一六年十月の共産党中央委員会第六回全体会議（六中全会）で、習は毛沢東や鄧小平らと同じ党中央の「核心」に位置づけられた。指導部の発足当時は李克強首相と並んで「習李体制」などとも言われたが、権力構造としての習の「一強」体制が確立された形だ。党はなお集団指導体制の維持をうたってはいるものの、総書記と政治局常務委員、あるいは政治局員との力関係は胡錦濤指導部時代のそれとは大きく変わったと見ていいだろう。序章で述べたように、それは習を中心に党が団結し、党内外、国内外の難しい課題に向き合っていくという指導部発足当時の「コンセンサス」を踏襲した流れと見ることができるが、その徹底ぶりとテンポの速さには目を見張るものがある。

その中で習指導部は二〇一七年の後半、五年に一度の党大会を開く。党大会は重要な政策や路線を決める場でもあるが、最大の関心は何といっても人事だ。指導部の顔ぶれは党大会のたびに大きく替わるため、党大会を控えた時期はそれに向けた様々な駆け引きや根回しが重ねられる政治の季節となる。

江沢民率いる「第三世代」から胡錦濤を中心とする「第四世代」への代替わりが行われた二〇〇二年の第十六回党大会以降、党総書記は二期十年で引退する形が続いてきた。その流れで言えば、第十九回党大会は習近平を総書記とする指導部の折り返し点ということになるが、人事面での重要性は代替わりが行われる大会にも決して劣らない。高齢などの理由で引退する政治局常務委員や政治局員が多い上、彼らに代わって抜擢されてくる次世代の幹部の中に習の後継者がいる可能性が高いからだ。

習も二〇〇七年の第十七回党大会で、中央委員から政治局員を飛び越す形で政治局常務委員になった。それまでは李克強の方が「ポスト胡錦濤」の有力候補と取りざたされることが多かったが、党内の序列で習が六位となって七位の李を上回り、一躍、胡の後任として認知されるようになったのである。その後、習は党の人事や組織づくりを担う「党務」を担当して共産党の統治の要諦を学ぶ一方、国家副主席も兼任して外交の経験を積んだ。三年後の二〇一〇年には党中央軍事委員会の副主席に引き上げられて党、軍、国家の三権を統《す》べるための経験を積み、第十八回党大会で満を持して中国の最高指導者の座に就いたのだった。

「六十八歳定年」の不文律

序章で述べたように、胡錦濤は前任の江沢民が総書記を退いた後も中央軍事委員会主席の座にとどまって影響力を残した弊害を克服するため、第十八回党大会で「完全引退」して権力を習に譲った。また胡指導部の時代、政治局常務委員は六十七歳以下なら留任できるが、六十八歳に達していれば引退するという「七上八下《チーシャンパーシア》」という言葉が広く語られ、実際の人事もそれと矛盾しない形で進んできた。一連の動きは、党指導部の人事を制度化、規範化していくという胡ないし党としての意図を感じさせるものだった。

しかし、習近平指導部の下でその風向きが変わる兆しが出てきている。

習が「核心」に昇格した六中全会が閉幕してまもなく、北京で開かれた記者会見に党中央政策研究室の幹部である鄧茂生《とうもせい》が突然姿を現し、記者たちを驚かせた。常務委員の「六十八歳定年」が受け継がれるかという質問に対し、鄧は「「七上八下」は民間に流布している言い方に過ぎず、信用しない方がいい」と否定し、「党の幹部、特に党中央の指導者の引退については規定がある。厳格に運用されるものでもあるが、実際の状況によって柔軟に運用されることもある」と答えたのだ。党中央政策研究室はその名前から連想されがちな単なるシンクタンクではない。指導部の政策判断に直結する党の重要機関であり、その重さは習の右腕の政治局員、王滬寧がトップを務めていることにも現れている。その幹部が公の場に姿を見せること自体珍しく、鄧がわざわざ会見に出席して語った言葉は党指導部の意向と無関係ではありえない。

現在七人いる政治局常務委員のうち、第十九回党大会の段階で六十七歳以下なのは習と李克強だけだ。「七上八下」のルールが有効なら、その他の五人は引退することになる。しかし、党内の大きな反発を招く恐れのあった「反腐敗」を断行できたのは、王岐山党中央規律検査委員会書記の手腕に負うところが大きいとの評価が党内外に根強い。その手腕から王は最高指導部にとどまるのではないかとの見方が出る中で、鄧の発言は極めて高い政治性を帯びてくる。つまり、次の党大会に向け、指導者の人事が必ずしも年齢に縛られるわけではないという「地ならし」の意味がそこにあるという見方である。

習は、政治局常務委員経験者は刑事訴追されないという「刑不上常」の不文律を破って周永康を摘発した。ブラックボックスの中で決まることの多い中国政治を見るには、過去の事例や党内の決まり事を押さえておく必要があるが、習体制の下ではそれにこだわり過ぎると政治の流れを読み誤る恐れも強まっている。

習近平続投という「禁じ手」

政治局常務委員のいわば定年制を意味する「七上八下」のルールがもともと存在しない、あるいは骨抜きになっていくのだとすると、その影響は王岐山の去就にはとどまらない。その問題は、二〇二二年の第二十回党大会で六十九歳になっている習近平の引き際にも影響してくるからだ。

二〇〇六年に党が定めた党幹部の任期に関する「暫定規定」は、幹部が一つの職位にとどまるのは二期十年までと明記している。しかし、鄧茂生が会見で述べた「規定はあるが、実際の状況に応じて柔軟に運用される」という発言は、実際のところ、規定には意味がないと言っているのと同じである。その上、「七上八下」の不文律も存在しないとなれば、習が二〇二二年以降も総書記にとどまるのを妨げる決まり事はなくなる。第十九回党大会は「ポスト習近平」を狙う次世代の指導者たちの動きが焦点だと述べたが、習が五年後に総書記を引退するつもりがないのであれば、「後継者指名」は先延ばしにされる可能性が出てくる。

しかし、習が二〇二二年を超えて実権を握り続けることは、単に党内のポスト争いを不透明にするだけではなく、中国の将来にも甚大な影響をもたらしかねない。

国際政治学者のフランシス・フクヤマは著書『政治の起源』で、強固な官僚制度に支えられた中国の権威主義的な政治体制の統治効率の高さを指摘する一方、独裁的な政治体制が抱える弊害を「悪い皇帝問題」という言葉で表現した。

「法の支配と政治的説明責任がなければ、よい統治機構は維持できない。（中略）法の支配と説明責任は時として最高の政府を拘束するが、悪い政府が逸脱行為をすることも阻止できるのだ。そうした制度とは対照的に中国は悪い皇帝問題を解決できなかった」（会田訳）。

つまり、為政者が法の縛りを受けず、政治の是非を社会に問う責任も負わない独裁体制の下では、有能で強力な指導者が善政を敷いている間は国が栄え民も幸福かもしれないが、指導者が暴走を始めた時には歯止めが効かず、国も民も大きな災難に見舞われるという古くて新しい問題だ。

中国自身、晩年の毛沢東が発動した文化大革命でその怖さをいやというほど味わい、その反省を踏まえて「集団指導体制」を復活させた。そして胡錦濤指導部の下で進んだ指導者人事の制度化や規範化も、党内、国内の民主化が遅々として進まない中、指導者の権限を時間で区切ることによって「悪い皇帝問題」、すなわち「人治」のリスクを減らす知恵だったはずである。習が先例を破って権力の座にとどまることは、先人たちが試行錯誤の末に築いた大事な歯止めが失われることを意味している。

一方、過去の党大会で指導部人事をいち早く的中させてきた在米の中国語政治サイト「明鏡新聞」の何頻《かひん》董事長は、「後継者が決まれば、部下たちがその顔色をうかがい権力が分散する恐れがある。自身のレームダック化を避けるためにも、習は後継者指名を急がないだろう」と指摘する。任期の延長というより、当面の権力掌握という政治的なニーズから、性急な後継者指名は避けるという見方だ。確かに、今回の党大会で後継者が明確にならなくても、それで習の三期目留任が決まるわけではない。しかし、習の五年後の去就があいまいになることは、党内政治の不透明さを高めることであり、指導者人事の規範化という意味での後退であることには変わりない。

フェラーリ事故と共青団の命運

第十九回党大会に向けた中国政治の分析を難しくさせているのは、指導者の定年問題だけではない。前回の第十八回党大会以降、共産党内の権力バランスを観察する上で大きな変化があった。胡錦濤前総書記の側近中の側近だった令計画前党中央弁公庁主任の失脚をきっかけとする中国共産主義青年団(共青団)の影響力の低下である。

始まりは二〇一二年三月、薄熙来の重慶市書記解任の衝撃がさめやらぬ頃のことだった。北京市内の幹線道路で深夜、暴走していたフェラーリが橋脚に衝突したという情報がネットを中心に流れ、ニュースサイトには一時、大破した車体が写った現場写真なども載った。関連のニュースはまもなく削除されていったが、それと並行するように、フェラーリを運転していたのが令の息子で、同乗していた若い女性と一緒に事故死したらしいという情報が広がった。令が総書記の身辺警護を担う中央警衛局を動かしてもみ消しを図ったという党関係者の証言がある一方、全国の警察を束ねる立場にあった周永康と結託して隠蔽しようとしたといった情報も飛び交った。

この事故については、その後の令や周らの裁判に関する発表でも一切触れられておらず、真相は明らかではない。ただ、総書記の政務を支える党中央弁公庁のトップとして大きな権力を握り、半年後の党大会での政治局員への昇格も有望視されていた令が、この事故を境に政治的に追い込まれていったのは事実だ。

党大会が近づいたその年の九月、共産党は突然、令を党中央弁公庁主任から党中央統一戦線工作部長に転任させる人事を発表した。左遷とは言えなかったが、結局、党大会で令の政治局入りは見送られた。令は統一戦線工作部長として目立った動きも見せず、息をひそめるようにしていたが、ついに二〇一四年十二月、重大な規律違反の疑いで取り調べを受けて失脚した。二〇一六年五月に収賄や国家機密の不正取得などの罪で起訴され無期懲役の実刑判決を受けたが、審理は公開されず、国家機密の内容や息子の事故、令の摘発と前後して米国に逃亡した令の弟の行方など多くの謎が積み残された。

「貴族化」したエリート

令の事件が重みを持つのは、令が胡錦濤や李克強と同じく、共産党の幹部育成組織である共青団の中枢を歩んできたエリートであり、共青団に連なる勢力の次代を担う人材とみなされていたためだ。一九九二年に胡錦濤が政治局常務委員に抜擢されてから総書記を引退するまでの二十年間、党内で存在感を増してきた「団派」(共青団派)と呼ばれる勢力は、令の事件によって大きな打撃を受けたのである。

一九八〇年代の指導者だった胡耀邦元総書記がその基盤を築いた共青団は、およそ八千七百五十万人の団員(二〇一五年末現在)を抱える巨大な組織だ。全国に広がるネットワークを使って優秀な人材を見いだし共産党の将来を支える幹部として育てると同時に、若者たちの声に耳を傾け、共産党との橋渡しをする役割も求められてきた。

習は令の事件の捜査と並行して、共青団そのもののあり方にメスを入れた。北京の外交筋によると、習は二〇一五年七月六、七日に開いた党内の会議で、共青団中央が「貴族化」していると指摘し、権限を肥大化させた共青団幹部たちの増長と怠慢を厳しく批判した。そして共青団中央の予算を半減させ、幹部ポストを減らしたり、局長級の中堅幹部が地方に出向して現場の実態を学んだりする改革案を提出させたのだった。

権力闘争の観点から、共青団派の勢いをそごうとする習の狙いを読み取ることもできるが、共青団が「貴族化」していたという指摘はあながち誇張ではないと私は考えている。

第十八回党大会で令が政治局入りを逃した背景を探ろうと、私は令の妻の谷麗萍《こくれいへい》が創設し、実質的に運営していた基金会を取材した。手に入れた資料によれば、若者の就職支援を目的に掲げるその基金会は、歴代理事に共青団中央の書記が名を連ねて協賛団体には中国で誰もがその名を知っているような有名企業の名がずらりと並んでいた。一般にはその名も活動もほとんど知られていない一基金会に巨大企業が群がる背景に、令や共青団の威光があることは容易に想像がついた。

取材を拒まれ続けた私は二〇一三年一月、北京市内のホテルで基金会の十周年記念行事が開かれると聞いて足を運んだ。会場に入ることは許されず、担当者と押し問答していた時、二人の警備員に左右を守られた女性が目の前を足早に通り過ぎていった。谷だと気がついたが、写真を撮るのはもちろん声をかけるタイミングすら逃してしまい、その表情からも心の動きを読み取ることはできなかった。谷はその日を最後に公の場から姿を消し、確かな消息も途絶えた。国営メディアがその名前を伝えたのはそれから三年半後、令計画に実刑判決が下った時だった。谷の名は令の判決に繰り返し登場し、七千七百万元(約十一億五千五百万円。二〇一六年七月現在)を超える巨額の収賄に深く関わっていたと指摘されたのだった。

上海閥も影薄め

共青団出身の幹部たちが注目されるようになったのは一九八〇年代、改革開放が始まってからのことだ。それまでの時代とは違った発想と知識を持つ若手幹部の台頭が待望される中、そうした人材の供給源としての役割を共青団が果たすようになった。胡耀邦総書記が共青団出身の幹部を重用したことは保守派の長老らの反発を招き、一九八七年に胡が失脚した際の原因の一つにもなったが、党内勢力としての共青団人脈がそれで潰《つい》えたわけではなかった。

一九九二年、胡耀邦総書記の時代に共青団トップを務めた胡錦濤が中央委員から政治局常務委員に引き上げられ、江沢民総書記の後継者と目されるようになった。胡錦濤の抜擢には鄧小平の強い意向があったとされるが、いずれにせよこの頃から、党指導部には江を筆頭に上海ゆかりの幹部たちでつくる「上海閥」と、胡錦濤を中心とする「共青団派」があり、中国政治が両者の緊張関係の中で展開しているという見方が広まっていった。

その見立てが複雑な共産党の権力構図を読み解く上での一つの座標軸だったのは間違いない。しかし、それから四半世紀が経ち、色んな現象をその枠組みに押し込むのは限界に近づいているように思える。

一つの理由としては上海閥の中心にいた江や曽慶紅元国家副主席らの影響力の低下がある。九十歳を超えた江の健康問題もさることながら、胡錦濤がすべてのポストを習に譲って引退し、「院政」の弊害を断ち切ったことによって、それ以前の党長老が政権運営に口を挟むことが難しくなった。習が反腐敗で江との関係が深いとされた大物幹部たちも容赦なく粛清した上、党内に派閥をつくることを強く戒めている中で、江らの人脈を引き継ぐ次世代の有力者は見当たらないのが実情だ。

求められる新しい座標軸

その点、共青団からは、団中央のトップから順調に政治局員にまで登り詰めた胡春華《こしゅんか》広東省党委員会書記を筆頭に、「第六世代」やその次の世代を担う人材が輩出している。第十九回党大会で胡春華のほか、李源潮《りげんちょう》国家副主席や汪洋《おうよう》副首相らが政治局常務委員に入れば、最高指導部に残ると見られる李克強と合わせて共青団派が多数派を占め、勢いを盛り返すという見方をする人もいる。

しかし、共産党の幹部育成システムが徐々に整い、キャリアのどこかで共青団を経験する人が増える中、そこに在籍していたことがあるから共青団派と見なしていいのかという疑問がある。共青団中央の指導部を経験した幹部たちは一定の利害や帰属意識を共有しているかも知れないが、たとえば汪洋は安徽省の共青団の副書記を務めただけであり、胡春華らと密接な交流があったわけでもない。

私は広州に勤務した二〇一一年、当時、広東省の書記だった汪洋を間近で見てきた。総書記の胡錦濤が党内の抵抗を受けながら打ち出したＮＧＯの規制緩和に地方のトップたちが様子見を決め込む中、ただ一人、汪が熱心にこれに取り組み、胡が広東省を視察して激励する様子も見た。二人の間に強い信頼関係があるのを感じたが、その理由を共青団派ということに求めるのは短絡的に過ぎるだろう。二人はともに安徽省出身でもある。上海閥に限らず中国政治には「地縁」という大きな要素もあり、私は国営メディアのトップも務めた安徽省出身の元党幹部から、「安徽閥」の結束の強さについて具体例を交えて教えてもらったことがある。

米戦略国際問題研究所（ＣＳＩＳ）上級顧問のクリストファー・ジョンソンは「共産党指導者

の出自や背景は多義的であり、上海閥と共青団派というものさしで党内政治を分析するやり方はあまりに単純すぎる。習が党内にはびこる派閥主義を反腐敗によって取り除こうとする中で旧来の派閥に基づく見方はもはや通用しなくなる」とし、「派閥よりも習の改革が生む利益集団に目をこらすことが重要だ。習の取り組みで力を失う人々がいる一方で、それによって生まれる勝ち組がいる。習が自身の権力を固めるために、誰に利益を配分するのかをよく見る必要がある」と指摘する。

出身地や出身母体を共有するという仲間意識は派閥を生む素地ではあっても、それだけで政治勢力としての結束は保てない。メンバーの立場や利益を守る「軸」が細くなれば、派閥としてのまとまりはますます薄れていくだろう。令の事件と共青団が迎えた試練を通して、胡錦濤や李克強が出身母体を守る政治力を発揮しなかった、もしくはできなかったことは、政治勢力としての共青団派の退潮を強く印象づける動きと言っていいだろう。

習近平人脈

その中で共産党の政治が当面、習近平を軸に展開していくのは間違いなさそうだ。習近平を党の「核心」とした二〇一六年の六中全会に前後して、共産党は各省や自治区の指導者の人事を本格化させた。党大会での中央指導部の入れ替えに向け、地方の人事から手をつけるのはこれまで通りだが、そこにも習の強い指導力と意図が色濃く反映されている。

象徴的だったのが首都北京市の人事だ。共産党は周永康との関係の近さが取りざたされていた市長の王安順《おうあんじゅん》を退任させ、中央国家安全委員会弁公室副主任の蔡奇《さいき》を後任に充てた。

蔡は一九九〇年代、福建省党委員会常務委員だった習の下で働き、二〇〇〇年代にも習が書記を務めた浙江省でキャリアを積んだ。五十八歳まで地方一筋で、党中央委員にもなっていなかった蔡が二〇一四年、習肝煎りの新組織、中央国家安全委員会の事務局首脳として中央に招かれたのも、習本人の強い意向によるものと見られていた。

習は総書記就任の直前、河北省の県書記時代からの知己である栗戦書を「官房長官」役の党中央弁公庁主任に指名したのを皮切りに、河北、福建、浙江、上海を回った二十年余りの地方指導者時代の同僚や部下らを中央の要職や重要な地方省市のトップに引き上げてきた。海外メディアはこうしたグループを、浙江省時代に習が地元紙に寄せていたコラムの題名「之江新語」(之江は浙江省を流れる銭塘江《せんとうこう》の流れを指す)にちなみ、「之江新軍《しこうしんぐん》」などと呼び始めた。

主だったメンバーを挙げると、栗や蔡のほか、党や政府には丁薛祥《ていせつしょう》総書記弁公室主任、黄坤明《こうこんめい》党中央宣伝部副部長、何立峰《かりつほう》国家発展改革委員会主任ら、地方には夏宝竜《かほうりゅう》浙江省書記、陳敏《ちんびん》

表 3-2　習近平を支える主な人脈

（役職は 2017 年 3 月現在）

之江新軍（地方時代の同僚・部下）	
■党・軍	■地方政府
栗戦書・党中央弁公庁主任	夏宝竜・浙江省書記
丁薛祥・党総書記弁公室主任	李強・江蘇省書記
黄坤明・党中央宣伝部副部長	陳敏爾・貴州省書記
舒国増・党中央財経指導小組弁公室副主任	杜家毫・湖南省書記
鍾紹軍・党中央軍事委員会弁公庁副主任	陳豪・雲南省書記
■中央政府	蔡奇・北京市長
何立峰・国家発展改革委員会主任	応勇・上海市長
楊暁渡・国務院監察部長（国家腐敗予防局長）	陳一新・湖北省副書記（武漢市書記）
テクノクラート型	
王滬寧・党中央政策研究室主任	何毅亭・中央党校常務副校長
劉鶴・党中央財経指導小組弁公室主任	李書磊・党中央規律検査委員会副書記
紅二代（革命世代幹部の子弟）	
王岐山・党中央規律検査委員会書記	張又侠・党中央軍事委員会委員兼装備発展部長

爾《じ》貴州省書記、李強《りきょう》江蘇省書記らがいる。これに加え、「紅二代」と呼ばれる王岐山党中央規律検査委員会書記、張又俠《ちょうゆうきょう》党中央軍事委員会委員兼装備発展部長らのグループ、そして王滬寧党中央政策研究室主任や劉鶴党中央財経指導小組弁公室主任ら共産党が育ててきたテクノクラート型の幹部が、習を支える中核的な勢力と見ていいだろう（役職は二〇一七年三月現在）。

その顔ぶれからは、習が自分でその能力や人物を見極めた人材で政権運営の要所を固めようとしている傾向が伺える。しかし、人材の供給を地縁や組織に頼らぬ分、勢力としての厚みは欠ける。「紅二代」は革命世代の共産党の中枢幹部の子や孫たちでその数に限りがある上、実際には政治に関わっていない人も多い。まして党や軍の要職にいるのはごく一握りで、政治勢力としての広がりはかつての上海閥や共青団派などとは比べるべくもない。第十九回党大会では習が意中の人材をどれだけ党や軍の指導部、あるいは地方の指導者に配置してその権力基盤を強めるかも焦点になる。

鄧小平の闘い

第十九回党大会を経て、習は「核心」としての権威をどこまで高めていくのだろうか。

絶対的なカリスマ指導者としてのイメージの強い鄧小平も、実は政権運営の実権を握ってから改革開放路線が定着するまで、長年にわたる党内の路線対立にさらされた。文化大革命の混迷に終止符を打ち、中国の飛躍に道筋をつけた希代の指導者という評価は党内の厳しいせめぎ合いを勝ち抜いた結果としてのものであり、最初からその政治的立場が盤石だったわけではない。

改革開放の初期、大胆に市場経済の原理を導入しようとした鄧に対し、「計画経済が主であり、市場調整はあくまでそれを補うものである」という「鳥かご理論」で対抗したのが、新中国になって最初の経済五カ年計画を起草するなど、長年、中国の経済政策を担ってきた陳雲《ちんうん》である。

鄧と陳の路線対立は、鄧の下で積極的な改革を進めようとした趙紫陽元総書記が失脚後に残した証言集『国家の囚人』(時報文化出版〈台湾〉二〇〇九年。邦訳『趙紫陽極秘回想録』河野純治訳、光文社、二〇一〇年)に詳しい。趙は「党中央指導部には二つの異なる考え方があった。(中略)すなわち、鄧小平の考え方と陳雲の考え方である。(中略)十年以上のあいだ、両者は一進一退の攻防を続けていたが、ついに鄧の主張が勝利し、支持者も増えていった」(河野訳)と語っている。

その頃、鄧と陳の政策論争に乗じてそこにイデオロギー対立を持ち込もうとする鄧力群《とうりきぐん》らの保守勢力も現れた。彼らは市場開放が精神の汚染を招き共産党の支配を危うくするという「ブルジョア自由化」の弊害を唱えて改革開放に抵抗した。民主化を求める学生や知識人への対応やインフレ対策などを巡って指導部の溝が深まる中、一九八九年の天安門事件が起き、改革の実行役だった趙紫陽が失脚。政治改革が頓挫しただけでなく、経済運営でも陳雲らの計画経済派が力を盛り返して中央政府による統制が強まった。さらに一九九一年にソ連が崩壊すると、左派の論客たちは米国などが中国の体制転覆を謀っているという「和平演変」論を持ち出して改革開放に異議を唱えたのである。

北京で劣勢に立った鄧小平は一九九二年一月から二月にかけ、深圳や上海などを回って「発展こそが曲げてはならない絶対的な道理だ」と述べて安定を重んじる計画経済派を叱咤《しった》し、「中国が抑え込むべき主な相手はやはり左派だ」と、教条的な保守派のイデオローグたちを厳しく批判した。後に「南巡講話」と呼ばれる一連の発言は経済の低迷にあえいでいた地方指導者たちの熱い支持を受け、改革開放は息を吹き返した。形勢を挽回した鄧はその年の十月に開かれた第十四回党大会で改革開放路線を定着させるための人事を断行し、「社会主義市場経済」という中国独自の経済路線を打ち出して陳雲らが依拠してきた旧ソ連型の経済政策と決別したのだった。

一強時代の危うさ

それからおよそ四半世紀、多くの起伏があったとはいえ、共産党と中国はおおむね鄧小平が敷いたレールの上を歩んできたといっていいだろう。

しかし、「世界の工場」としての経済モデルからの脱却と転換、資源や環境の制約、多様化する庶民の暮らしや価値観、そして混迷を深める国際情勢などの中で、中国はこれまでの経験則が通用しない局面に再び足を踏み入れようとしている。進むべき道を手探りで切り開いていくその難しさは、改革開放が始まった時代に勝るとも劣らない。経済運営、領土や海洋問題、不透明さを増す対米関係や北朝鮮情勢など共産党が抱える課題は山積している。反腐敗による厳しい粛清や大胆なリストラを伴った軍の改革などが、党や軍内に不満と反発の種をまいている側面も無視はできない。

その中で、共産党は習近平の下に結束し、この困難な時代を乗りきろうという姿勢を打ち出しているが、強まる言論やイデオロギー面の引き締めは、健全な議論や批判までもが封じられ、政策の幅が狭まるリスクを示している。また、習に対抗できるライバルがいなくなることは、有力な指導者同士の綱引きの中で路線が固まってきた中国政治のダイナミズムが失われる可能性も示唆している。

習は中国が歩んできた道への「自信」を好んで語る。しかし、鄧小平の時代も中国はあらかじめ用意された一本道を歩んできたわけではない。陳雲らの抵抗がなければ、中国が今より強く豊かになっていたということでもあるまい。逆に胡耀邦や趙紫陽が失脚しなければ、人々がもっと幸福になったと言い切ることもまたできない。透明性の高い民主的な政策決定のプロセスを欠くために政策論争が往々にして権力闘争に結びついてきた弊害は大きいが、共産党は様々な主張のせめぎ合いと、その振れ幅の中で進むべき方向性を見いだしてきたのであり、その懐の深さにこそ、この政権の強靱さがあったという見方もできる。

共産党は二〇一六年の六中全会で、習という「核心」への忠誠を求めると同時に、引き続き「集団指導体制」の堅持や「党内民主」の原則も掲げた。権力の集中と分散、権威主義と民主主義。その最善のバランスを、どうやって探っていくのかが「習近平一強」時代の大きな課題になってくる。

終章　形さだまらぬ夢

中台首脳会談

二〇一五年十一月七日、シンガポールで習近平と台湾の馬英九総統による首脳会談が行われた。中国と台湾のトップが会談するのは一九四九年の中台分断後、初めてのことである。歴史的な瞬間を伝えようと、世界中から六百人を超える報道陣が駆けつけた。会場のホテルのロビーを埋めた記者やカメラマンたちは入念な安全検査を受けた後、少しでもいい場所を確保しようと両首脳が冒頭の握手をするホールに走った。階段状になった記者席はほとんど立錐《りっすい》の余地もないほど。最前列で構えるテレビカメラが邪魔だと言って、後方の記者たちが「もっと下げろ、もっと下げろ」と声をそろえて抗議するなど、会場は何とも言えない熱気に包まれていた。

予定の時刻が迫り、ようやく会場のざわめきが収まったころ、記者席から向かって右側から習、左側から馬がそれぞれ歩み寄り、ステージの中央で堅く手を握った。カメラのストロボが激しくたかれる中、二人は一分余り、カメラマンたちの要望に応じるように笑顔を振りまいた。会談に向かう両首脳の姿がステージのそでに消えた瞬間、会場に響いた「オオッ」という大きなどよめきは、中台関係の歴史の一コマを見届けたという記者たちの感慨を物語っていた。

共産党と国民党が中国の支配を争った内戦は、一九四九年、蒋介石率いる国民党が台湾に逃れたことで終結した。それ以来、実態としては中国本土に共産党の中華人民共和国、台湾に国民党の中華民国が並び立つ状態が続きながら、両者は互いを国家としては認めず、対立を続けてきた。双方の最高指導者が顔を合わせることは相手の存在を認めることにもつながるため、長らくタブーとされてきたのである。

図 4-1　握手する習近平(右)と馬英九(2015 年 11 月)

それだけに、四日前の深夜に突然発表されたこの会談は、中台と世界の人々を驚かせた。背景として、二〇〇八年から対中融和路線を打ち出してきた馬が翌年の退任を前に政治的なレガシー(遺産)をつくり、その路線を継承させようとしていたことは間違いない。そして習もまた、会談の実現に強い意欲を示し、そのために大きな政治判断を下していたことを私は後に知った。

指導者の自信とこだわり

非公開で行われた習と馬の会談に同席したのは、中台それぞれの側近六人ずつだけだった。以下は、その中にいた二人から話を聞いた、台湾の企業幹部の証言に基づく経緯だ。

会談に向けた準備は十月、中国の国務院台湾事務弁公室と台湾の行政院大陸委員会のトップが広州で会談した際、中国側が「習主席の外遊に合わせる形でなら可能だ」という意向を示したことから動き出した。一年前の北京APEC首脳会議の時にもトップ会談の可能性を探っていた台湾側は、すぐに準備に取りかかった。双方は、習と馬が互いの肩書には触れず、「先生」(「さん」の意味)と呼び合うことで合意した。互いがどういう立場で会談に臨んでいるのかを、あえてあいまいにすることで政治的な立場の溝を乗り越えようとしたのである。

しかし、調整の終盤、難しい問題が持ち上がった。台湾側が「やはり、総統が発言のどこかで「中華民国」に言及しなければ、世論を抑えられない」と求めたのだ。馬が「中華民国」のトップでもあることを何らかの形で示しておかなければ、中国にひれ伏した屈服外交と批判され、禍根を残しかねないという懸念だった。中華人民共和国の最高指導者が「中華民国」を認めることは、中台の政治的ロジックの中ではありえない。中国国務院台湾事務弁公室は憤慨し、調整は破綻しかかった。局面を打開したのは、習の一言だった。「この会談は相手を困らせるためにやるわけではない」。習が台湾側の要求を受け入れるよう指示したことで交渉の最大のハードルが取り払われ、会談は実現に向けて一気に動き出したのだった。

実際に馬は、首脳会談の中で「中華民国」に言及した。その瞬間、同席した人々は息を呑む思いだったというが、習は表情を少しも変えることなく聞き流したという。台湾問題で原則的な立場をとる共産党の幹部たちは、台湾側が明らかにした馬の発言を知って驚いたに違いない。しかし、この時、中国で表に出てきたのは会談の歴史的な意義を強調する報道やコメントばかりで、批判めいた声は聞こえてこなかった。

台湾問題という共産党政権にとって最もデリケートな政治課題で、それこそ歴史的な譲歩ともとられかねない決断をした点に、私は二〇一二年以来、習が最高指導者として築いてきた自信と、この問題に対するこだわりの強さを見た気がした。

習は三十二歳から十七年間、福建省でキャリアを積んだ。中台交流の最前線である同省アモイ市の副市長も務め、台湾の実業家や学者などとの交流を通して台湾事情にも精通していた。その彼が、共産党政権にとっての悲願である中台の統一を強く意識しているのは疑いがない。習は馬との会談の冒頭で、「中華民族の偉大な復興をともに目指して、民族復興の栄誉を分かち合おう」と呼びかけた。馬との会談を、自らが掲げる「中国の夢」への大きな一里塚と位置づけようとしたことはこの発言からも明らかだった。

台湾が見つめるもの

ところが、共産党と国民党との間で進んできた中台の政治的歩み寄りの流れは、それからわずか二カ月後に大きな挫折を迎えた。二〇一六年一月に行われた台湾総統選で、馬の後継を目指した朱立倫《しゅりつりん》国民党主席が野党民進党の蔡英文に大差で敗れたのである。国民党は同じ日に投開票された立法院(議会)選挙でも改選前の議席を半分近く失う壊滅的な敗北を喫した。

背景としては中国との経済交流による恩恵が一部の企業にしか行き渡らず台湾全体の底上げにつながらなかった問題に加え、民主化が進んだ台湾で育った世代を中心に「台湾はあくまで台湾である」という意識が広まり、将来の統一に現実性を見いださない人が主流になってきている点なども指摘された。いずれにしてもこの選挙結果は、馬英九政権が進めてきた対中融和路線に台湾の有権者が突きつけた、強烈な「ノー」といっていいものだった。

実のところ、馬の政治に台湾の有権者が背を向けていることはその一年以上前に浮き彫りになっていた。二〇一四年十一月の統一地方選で、国民党は台北市を含む主要都市の市長ポストを相次いで落とすなど地滑り的な大敗をしていたのである。

その結果が中国に与えた衝撃は大きかった。統一地方選が終わって間もないころ、私は台湾問題の専門家からこんな話を聞いた。報告を兼ねて北京を訪れた国民党の訪問団に、中国側の担当者たちは「何が敗因だったのか」と質問を浴びせた。中国が優遇策を重ねて台湾経済を支えているのになぜ有権者は国民党を支持しないのか、となじるような語感を読み取った国民党側の幹部は「台湾の人々は毎日のように、大陸（中国）で政府を批判した人たちが拘束されたというニュースを目にしている。大陸の人々が幸福そうに見えなければ、台湾の有権者はついてきませんよ」と、色をなして反論したという。

香港の誇り

中国が豊かに強くなればなるほど、中国と一体化することへのアレルギーが強まるという逆説的な現象は香港にも現れた。私は英国から中国への返還十周年の二〇〇七年を挟んで二年半、特派員として香港に駐在した。その頃から香港の繁華街は常に中国本土の観光客であふれており、中国の大手企業が香港の株式市場に続々と上場し、学校では標準中国語（普通話）の教育が広がるなど、香港の「中国化」が進んでいくことを疑う人はあまりいなかった。

しかし、二〇一四年秋、選挙制度の民主化を認めようとしない共産党政権に反発した学生たちが、七十九日間にわたって香港の中心街を占拠する「雨傘革命」が起きたのである。

若者たちが、香港の民主化運動を率いてきた議員たちを押しのけるようにして抗議の先頭に立ち、共産党政権に抵抗する姿を、私は北京で目を見張る思いで見ていた。何が彼らをそこまでさせるのか。私がいた時の香港の空気との落差に理解が追いつかなかったが、香港に入り、学生たちの声を聞いて回る中でようやく彼らの思いが少し見えてきた。彼らを立ち上がらせたのは民主化の問題であると同時に、「我々は何者なのか、香港とは何なのか」という問いだった。

たとえば、路上のテントに寝泊まりしていた高校三年生のある男子生徒に座り込みを続ける理由を尋ねると、彼は香港郊外にある実家近くの景色について話し始めた。数年前、近所にあった商店街が再開発され、中国本土からの大型観光バスが続々と乗り付けるようになった。幼い頃、親に手を引かれて買い物にいったおもちゃ屋や本屋はすべて宝飾品店に変わり、地元の人たちが寄りつかない場所になってしまったと、彼は何とも悔しそうに話した。デモ隊が掲げた民主のスローガンとは関係のないような話ではあるが、彼が語った「ふるさとの喪失」は、香港の香港らしさが失われるというアイデンティティーの問題と結びついていた。

民主という価値観も香港が香港らしくあるための大事なよりどころであり、彼らにとっての民主化要求は香港が香港であり続けるための闘いなのだと気づかされた。私が若者たちから感じたのは、巨大な中国に呑み込まれることへの言いようのない恐れであり、ただ黙ってそれを受け入れたくはないという意地のようなものだったのである。

力に頼む民族政策

台湾や香港が示したこうした反応に、北京の人々は困惑し、憤っていた。「中国を怒らせて、台湾の経済が成り立つと思っているのか」「香港が国際金融センターでいられるのは、誰の支えがあってのことか」。そんな声が学者やメディアの間でもよく聞かれた。「祖国」とともに強く豊かになろうと手をさしのべているのに、なぜそれを拒もうとするのか――。多くの人が理解できないでいるように見えた。

中国本土の人々が抱えるそのような意識は、ずっと前から少数民族問題を巡る議論の中にも現れていた。チベット族やウイグル族との深刻な民族対立が起きるたび、「彼らを封建社会から救い出し、村々に道路を開き、子どもを学校にやれるようにしたのは我々ではないか」という漢族の声を聞いた。民主化を求める知識人でさえ「一人っ子政策や大学入試でも少数民族は優遇されてきたのに、いったい何が不満なのだ」と憤るのを聞いて驚いたこともある。

二〇一二年三月の全人代で、私は新疆《しんきょう》ウイグル自治区の会議を取材し、質問する機会を得た。

二〇〇九年、自治区の区都ウルムチでウイグル族と漢族住民の大規模な衝突が起き多くの死傷者を出して以来、ウイグル族の集会や言論、宗教的な習俗などへの引き締めが強まり、それに反発するように武装グループが警察署などを襲う事件が目立ち始めていた。

私は正面に座っていた自治区トップの張春賢《ちょうしゅんけん》書記に向かって「この質問はぜひ書記にお答えいただきたい」と切り出し、「自治区が発展を続けていることは我々も承知していますが、外国には「人はパンのみにて生くるにあらず」という言葉があります。現在の民族政策は、ウイグル族の文化や自尊心といったものへの配慮に欠ける部分があるのではないですか」と尋ねた。

その瞬間の気まずい空気を私ははっきりと覚えている。学校の体育館ほどもある会場がしんと静まりかえる中、張は表情一つ変えず、「担当の主任に答えてもらおう」と受け流し、引き取った主任は「外国の記者さんは何も分かっていらっしゃらないようだ」と、いかに地元住民の暮らしが良くなったという経済指標を得々と紹介し始めたのだった。

新大国は世界に何を示すか

誤解がないように言えば、私は民族問題や中台問題について特定の立場を採る者ではない。

民族や国家のあるべき姿を探求するのは当事者たちであり、そこに生きる人々の暮らしや思い、歴史や文化を十分理解しない外国人が口を挟むことには慎重であるべきだと考えている。しかし、ウイグル族やチベット族の抵抗が激しい暴力を伴うようになり、不信が不信を呼び、憎しみが憎しみを招く負の連鎖が深まっているのを目の当たりにする中で、私は問題の根底に富や力に頼む政権側の奢《おご》りがあるように感じた。

そして私は、もし今後もそれが強まっていった場合に、中国と世界を待ち受けるものを懸念する。

習の目指す「中国の夢」が、中国が世界からその力にふさわしい尊重を受け、国際社会をリードすることにあるとすれば、経済や軍事面での実力とは別の、ほかの国の人々が喜んで受け入れようとするような社会のあり方や人々の生き方を示す必要があるはずだ。世界が大国に偉大さを見いだすのは、その経済や軍隊が強いからではない。

胡錦濤は総書記を引退する二〇一二年の党大会で、中国が歩んできた道と理論、そして制度に対する三つの「自信」を語った。習があえてそれに加えて「文化への自信」を唱えるようになったのは、世界に浸透するソフトパワーを生み出さなければ、本当の大国とは言えないという問題意識の表れでもあろう。

中国が歴史的に見て偉大な文明大国であり、多くの文化や価値観を生み出してきたのは間違いない。王岐山はフランシス・フクヤマらとの会談で、「中国文化の中には優秀なＤＮＡがある」と述べ、その歴史と伝統への自負を語った。しかし、中国文明の遺伝子は、様々な文化や民族が混じり合い、諸子百家と言われた思想家たちがそれぞれの主張を競ったような社会の多様性と寛容さの中で育まれたのではないか。国境を越えて人々に受け入れられるソフトパワーを生むのは、人々の声や考えを押さえつけ、同じ方向を向かせようとする政治の力ではあるまい。人民元以外のどんな価値を世界に示していくのか。台湾や香港、そして少数民族の人々の抗議は、中国が今後向き合う重い課題を映し出しているように思える。

百年の振り子

二〇一六年五月、私は北京からの離任を前に富強胡同にある趙紫陽の自宅を訪れた。趙の長女の王雁南《おうがんなん》にあいさつするためだ。五人の子の中で父親に寄り添う時間が最も長く、その薫陶を受けることの多かった彼女だが、自身は政治にはかかわらず骨董などを扱う会社を運営してきた。今はその事業も後進に譲り、孫の面倒を見ながら静かな老後を過ごしている。これまで会った時は私が水を向けても政治については何も語ろうとしなかったが、最後に共産党と中国の今とこれからについて尋ねると、こう答えてくれた。

「父もそうですが、長い間、共産党は人民のおなかを満たすことだけを考えてきた。ついこの間まで、ずっとそうだったのです。ようやく最近、自由や民主主義といったことも考えるゆとりも出てきたけれども、みんな聞き慣れないことばかり。これだけの数の人間が、集中した権力の下で、市場経済をやりながら社会主義を目指すという世界史にも先例のないことをやろうとしている。この先どうなるかは誰にも分からないし、おそらく、今生きている私たちの世代では答えは出ないでしょう」。

父親を通して中国政治の深淵をのぞいてきた末の達観のようでもあり、中国はいったいどうなるのかと結論を急ごうとする私を諭すかのようでもあった。

鄧小平は一九九二年の南巡講話で、改革開放路線は「百年は維持しなくてはならない」と述べ、中国がその目指すところにたどり着くために「我々は何世代、十何世代、あるいは何十世代先まで、気を抜かずに努力を続けなければならない」と語った。鄧や王の言葉に通底する中国人の悠遠な時間感覚を前に、私は自分が薄っぺらなものさしでこの国を理解しようとしているのを感じ、粛然とさせられることがある。

私の目に映る中国は強く、勢いに満ちていると同時に、もろく危うげでもあった。豊かな暮らしを楽しむ洗練された人々がいる一方で、なお貧しさや不公正に苦しむ人たちもいた。これほど巨大で、多義的な国はほかにはない。暮らしぶりも、考えていることも違う億万の人々を率いるために、共産党は右に揺れ、左に傾いたりしながらここまで来た。その歴史を振り返るとき、中国はほかの国々とはまったく違うテンポを刻む、大きな振り子のようにも思える。

その夢は誰の夢か

日本や欧米列強による侵略、そして国民党との内戦で味わった屈辱と苦難を再び繰り返さないという思いは、政治的な立場や貧富の差と関係なく、多くの中国人に共通する。政治や社会への不安や不満は少なくないけれども、改革開放の結果、衣食足り、贅沢もできるようになった今の暮らしを大事にしたいという思いも強い。個人としての自由や権利、尊厳への願いは消えていないが、それらは中国がたどり着いた現状の上積みとして探求されるものであり、それを危うくするためのものではないという意識の広がりも私は感じてきた。中国が空中分解することなく、よりよい方向に前進することが今の中国に生きる人々の最大公約数的な願いであるとすれば、そのために最適な改革のテンポとはどういうものかということが重要になる。

習はしばしば「我々は川底の石を探りながら、慎重に川を渡らなければならない」という言葉を口にする。二〇一四年二月のロシア訪問を前にしたロシアメディアとのインタビューでは、「中国の改革は、始まって三十年が過ぎ、深くて危険な水域に入っている。皆に喜ばれる改革はほとんどやり、軟らかい肉はもう全部食べつくしてしまっている。残ったのはかみ砕くのに苦労する硬い骨ばかりだ」と述べ、「たとえそうであっても我々は気持ちを強く持って前に進まねばならないが、一歩一歩、危なげなく、正しい方向に進み続けなければならない。取り返しのつかない間違いを犯すわけにはいかないのだ」と語った。彼らにとっても国家のかじ取りが手探りであることを示す言葉であり、表向きの「自信」の裏側にある深い危機感の吐露でもあろう。

習近平の手腕は中国と世界を瞠目させているが、その政策の多くは、共産党政権が積み上げてきた大きな流れの中にある。毛沢東の時代も鄧小平の時代もすべて共産党の歴史であるとして肯定しようとする習は、その巨大な振り子が刻む長い時間を意識し、その流れの中で自分の仕事が評価されることを深く自覚しているように見える。

「中国の夢」とは、そうした習の使命感を凝縮したスローガンだが、今後、厳しく問われていかなくてはならないのは、それがいったい誰のための夢なのかということだ。十三億人の夢ではなく、共産党政権の、あるいは習自身の夢でしかないのであれば、これほど危うい話はない。中国の行方にいや応なく影響を受ける私たちは、彼らが目指す「百年の夢」がどのような像を結んでいくのかを、予断や偏見にとらわれず、曇りのない目で見つめていく必要があるように思う。

あとがき

私が特派員として二度目の赴任をしたのは、二〇一一年三月末のことだった。その時、日本は東日本大震災による動揺のまっただ中にあった。飛行機の窓から、目指す広州の夜景を見た時の驚きは今も忘れない。立ち並ぶ高層ビルはもちろん、珠江に架かる橋まできらびやかにライトアップされ、街全体が極彩色を帯びて膨らんでいるように見えた。計画停電などで薄暗かった東京の夜を思い出し、互いの国が迎えている局面の違いに言葉を失った。

それから北京に移り中国を離れるまでの五年余りは、中国にとっても世界にとっても激動の時代だった。次々と迫ってくるものごとがあまりに大きく、速すぎて、結局自分は目の前のニュースをちぎっては投げ、ちぎっては投げするのに精いっぱいだったように思う。

本文でも書いたように、日中関係がこじれ、互いの国民がいがみ合う負の連鎖が深まっている間は、自分が伝えるべきものが分からなくなったり、伝えたいものを伝える技術と胆力のなさを痛感したりした。

難しかったのは日中関係に限らない。「中国は」「中国人は」と書き出した途端に、何かがするりと手の中からこぼれ落ちてしまうような心許なさを、私は常々抱えていた。そもそも、暮らし向きも夢も不安も、話す言葉や信仰も異なる十三億人を、一つの主語に押し込むことなどできるはずはない。ましてこの国はすさまじい勢いで変化を続けている。昨日は確かだったはずのことが、明日はもう違っていたりする。そんな中国について書くことの難しさや怖さは、年々増している。

北京勤務を終えた私は取材の最前線を離れ、米国で約一年間、自分が格闘し続けてきたこの国を太平洋越しに観察させてもらう機会を得た。それはこまぎれのままだったこれまでの仕事を整理する絶好の機会でもあった。そんな幸運にも背中を押される形で、これまで自分が見聞きし、感じてきたことをまとめてみることにした。

特派員の仕事はよく言えば幅広く網羅的だが、悪く言えば雑多でその場しのぎ的になりやすい。中国をより正しく伝えようとするならば、特定の領域に限って精緻なデータを積み上げていくのが誠実な態度なのだろう。それでも今回、あえて「習近平の中国」という大きなテーマを選んだのは、歴史的な曲がり角だったと言われるかも知れないこの時代を、その空気感を含めてやや広角の切り口で記録しておくことも現場にいた記者の役割なのではないかと思ったからだ。中国を知りたいと思っている方々が、この国の輪郭をつかみ、これからの動きを理解する上で何かしらの手がかりが示せていたらそれに勝る喜びはない。

筆者の浅薄な理解で読者を過たせないよう、東京大学教授の高原明生氏、星槎大学教授(前駐フィジー日本大使)の大嶋英一氏、津上工作室代表取締役の津上俊哉氏、関西学院大学教授の寶劔《ほうけん》久俊氏、桜美林大学講師の及川淳子氏、米戦略国際問題研究所客員研究員の茂木崇広氏にそれぞれの専門分野について助言をいただいた。それでも扱ったテーマが広いために間違った理解や記述があるかもしれず、その責任はすべて筆者にある。岩波書店新書編集部の朝倉玲子さんには、子育てのさなかの徹夜作業を含め、多大なサポートと的確なアドバイスをいただいた。

厳しい政治状況の下、リスクを冒して外国人記者に会い、辛抱強く中国について教えてくれた中国の人々の温かさと強さに私がどれだけ励まされてきたか分からない。政治や歴史の溝を超えて生まれる、素晴らしい人々との出会いこそこの国の最大の魅力だという思いは、二十六年前に私が初めて中国の土を踏んだ時から変わらない。

また、様々な重圧の下で共に取材と紙面づくりに取り組んだ朝日新聞社の先輩と同僚、とりわけ中国総局の坂尻信義、古谷浩一両総局長、吉岡桂子、峯村健司、奥寺淳、斎藤徳彦、倉重奈苗、西村大輔の各記者、そして現地スタッフの皆さんの力添えがなくては一日も仕事はできなかった。

進む方向を見失った時には、信濃毎日新聞でかけ出しだった私に、記者の仕事の意味と厳しさを教えてくださった故・堀幹夫氏のことを思い返した。

最後になるが、見ず知らずだった異国に渡り、反日デモやPM2・5などのストレスに耐えながら辛抱強く私を支えてくれた妻と二人の息子、そんな私たちをやきもきしながら日本で見守ってくれた双方の親やきょうだいにも深い感謝を伝えたい。

二〇一七年三月

林　望

共産党・習近平関連年表

年	事　項
1840	アヘン戦争(〜42)
1894	日清戦争(〜95)
1911	辛亥革命
1912	中華民国成立，清朝滅亡
1921	陳独秀，毛沢東らにより中国共産党結党
1927	第一次国共内戦(国民党と共産党による内戦，〜37)
1931	満州事変．共産党，瑞金に中華ソビエト共和国成立を宣言
1934	共産党，瑞金を放棄，長征開始(〜36)
1937	盧溝橋事件．日中戦争(〜45)
1943	中，米，英の首脳によるカイロ宣言
1945	日本，ポツダム宣言受諾，無条件降伏．毛沢東，党の中央委員会主席(党主席)就任
1946	第二次国共内戦
1949	毛沢東，中華人民共和国成立を宣言．国民党政府，台湾に逃れる
1953	習近平誕生
1958	大躍進政策(〜61)
1966	文化大革命(〜76)
1969	習近平，「上山下郷」で陝西省梁家河村へ(〜75)
1972	ニクソン米大統領，電撃訪中．日中国交正常化
1976	毛沢東死去
1977	鄧小平，党副主席などの職に復帰，毛沢東路線との決別進める
1978	改革開放政策への路線転換
1979	米中国交正常化
1982	改革派の胡耀邦，党最高位のポストとして復活した党総書記に就任
1985	習近平，河北省の県書記として米マスカティーンでホームステイ

共産党・習近平関連年表

年	事　項
1987	胡耀邦，保守派の党長老らの批判受け失脚．趙紫陽，総書記就任
1989	天安門事件．趙紫陽失脚．江沢民，総書記就任
1992	鄧小平，「南巡講話」を行い，改革開放路線が再加速
1997	鄧小平死去．香港返還
2002	胡錦濤，総書記就任．江沢民，中央軍事委員会主席留任
2004	江沢民，中央軍事委員会主席退任
2007	習近平，李克強とともに政治局常務委員就任
2008	習近平，国家副主席就任．四川大地震．北京五輪
2009	中国，国連に「九段線」内側の管轄権を主張する資料提出
2010	尖閣諸島沖漁船衝突事件．中国，GDPで日本を抜き，世界第2位に．劉暁波，ノーベル平和賞受賞
2011	高速鉄道追突脱線事故
2012	PM2.5，社会問題に．薄熙来事件．習近平訪米 スカボロー礁事件．日本政府による尖閣諸島国有化受け，中国各地で大規模な反日デモ 習近平，第18回党大会を経て総書記および中央軍事委員会主席就任．直後の演説で「中国の夢」提唱．「反腐敗」キャンペーン開始
2013	新公民運動広まり，当局取締り．習近平，国家主席就任．新指導部，外交路線として「周辺外交」を掲げる．東シナ海に防空識別圏設定
2014	徐才厚・周永康，収賄などの疑いで摘発される スプラトリー(南沙)諸島の埋立が国際問題化 香港で雨傘革命．習近平，北京APEC首脳会議で安倍首相と初会談
2015	習近平，国家主席として初の公式訪米．「世界反ファシズム戦争勝利70周年」キャンペーン 習近平，台湾の馬英九総統と会談 日本で中国人による「爆買い」ブーム

年	事　項
2016	台湾総統選挙で蔡英文当選．海外 NGO 国内活動管理法成立 南シナ海問題をめぐりフィリピンが起こした裁判で，ハーグの仲裁裁判所が中国の主張を退ける判決 共産党，習近平を公式に「核心」と呼び始める．米大統領選に勝利したトランプ，台湾の蔡総統と電話会談
2017	習近平，トランプ大統領と初会談

⋮

2021	中国共産党結党 100 年：「小康社会の全面的な実現」
2049	中華人民共和国建国 100 年：「繁栄して強く民主的かつ文明的な調和の取れた社会主義現代化国家の建設」「中華民族の偉大な復興」

林　望

1972年長野県生まれ．1995年東京外国語大学外国語学部中国語学科卒業．信濃毎日新聞，人民中国雑誌社勤務の後，2001年に朝日新聞社入社．香港支局長，広州支局長などを経て，2012年から中国総局員として中国の政治・社会分野の取材を担当．2016年から米戦略国際問題研究所（CSIS）客員研究員．

習近平の中国 百年の夢と現実　　岩波新書（新赤版）1663

2017年5月19日　第1刷発行

著　者　林《はやし》　望《のぞむ》

発行者　岡本　厚

発行所　株式会社 岩波書店
〒101-8002 東京都千代田区一ツ橋2-5-5
案内 03-5210-4000　営業部 03-5210-4111
http://www.iwanami.co.jp/

新書編集部 03-5210-4054
http://www.iwanamishinsho.com/

印刷・精興社　カバー・半七印刷　製本・中永製本

ISBN 978-4-00-431663-3　　Printed in Japan

岩波新書新赤版一〇〇〇点に際して

ひとつの時代が終わったと言われて久しい。だが、その先にいかなる時代を展望するのか、私たちはその輪郭すら描きえていない。二〇世紀から持ち越した課題の多くは、未だ解決の緒を見つけることのできないままであり、二一世紀が新たに招きよせた問題も少なくない。グローバル資本主義の浸透、憎悪の連鎖、暴力の応酬——世界は混沌として深い不安の只中にある。

現代社会においては変化が常態となり、速さと新しさに絶対的な価値が与えられた。消費社会の深化と情報技術の革命は、種々の境界を無くし、人々の生活やコミュニケーションの様式を根底から変容させてきた。ライフスタイルは多様化し、一面では個人の生き方をそれぞれが選びとる時代が始まっている。同時に、新たな格差が生まれ、様々な次元での亀裂や分断が深まっている。社会や歴史に対する意識が揺らぎ、普遍的な理念に対する根本的な懐疑や、現実を変えることへの無力感がひそかに根を張りつつある。そして生きることに誰もが困難を覚える時代が到来している。

しかし、日常生活のそれぞれの場で、自由と民主主義を獲得し実践することを通じて、私たち自身がそうした閉塞を乗り超え、希望の時代の幕開けを告げてゆくことは不可能ではあるまい。そのために、いま求められていること——それは、個と個の間で開かれた対話を積み重ねながら、人間らしく生きることの条件について一人ひとりが粘り強く思考することではないか。その営みの糧となるものが、教養に外ならないと私たちは考える。歴史とは何か、よく生きるとはいかなることか、世界そして人間はどこへ向かうべきなのか——こうした根源的な問いとの格闘が、文化と知の厚みを作り出し、個人と社会を支える基盤としての教養となった。まさにそのような教養への道案内こそ、岩波新書が創刊以来、追求してきたことである。

岩波新書は、日中戦争下の一九三八年一一月に赤版として創刊された。創刊の辞は、道義の精神に則らない日本の行動を憂慮し、批判的精神と良心的行動の欠如を戒めつつ、現代人の現代的教養を刊行の目的とする、と謳っている。以後、青版、黄版、新赤版と装いを改めながら、合計二五〇〇点余りを世に問うてきた。そして、いままた新赤版が一〇〇〇点を迎えたのを機に、人間の理性と良心への信頼を再確認し、それに裏打ちされた文化を培っていく決意を込めて、新しい装丁のもとに再出発したいと思う。一冊一冊から吹き出す新風が一人でも多くの読者の許に届くこと、そして希望ある時代への想像力を豊かにかき立てることを切に願う。

（二〇〇六年四月）

岩波新書より

現代世界

- フォト・ドキュメンタリー 人間の尊厳　林　典子
- 女たちの韓流　山下英愛
- ㈱貧困大国アメリカ　堤　未果
- ルポ 貧困大国アメリカ　堤　未果
- ルポ 貧困大国アメリカⅡ　堤　未果
- 新・現代アフリカ入門　勝俣　誠
- 中国の市民社会　李　妍焱
- 勝てないアメリカ　大治朋子
- ブラジル 跳躍の軌跡　堀坂浩太郎
- 非アメリカを生きる　室　謙二
- ネット大国中国　遠藤　誉
- 中国は、いま　国分良成編
- ジプシーを訪ねて　関口義人
- 中国エネルギー事情　郭　四志
- アメリカン・デモクラシーの逆説　渡辺　靖
- ユーラシア胎動　堀江則雄

- オバマ演説集　三浦俊章編訳
- オバマは何を変えるか　砂田一郎
- タイ 中進国の模索　末廣　昭
- 平和構築　東　大作
- ハワイ　山中速人
- イスラームの日常世界　片倉もとこ
- イスラエル　臼杵　陽
- ネイティブ・アメリカン　鎌田　遵
- アフリカ・レポート　松本仁一
- ヴェトナム新時代　坪井善明
- イラクは食べる　酒井啓子
- エビと日本人　村井吉敬
- エビと日本人Ⅱ　村井吉敬
- 北朝鮮は、いま　北朝鮮研究学会編 石坂浩一監訳
- 欧州連合 統治の論理とゆくえ　庄司克宏
- バチカン　郷富佐子
- 国際連合 軌跡と展望　明石　康
- アメリカよ、美しく年をとれ　猿谷　要

- 日中関係 戦後から新時代へ　毛里和子
- いま平和とは　最上敏樹
- 国連とアメリカ　最上敏樹
- 人道的介入　最上敏樹
- 現代ドイツ　三島憲一
- 「民族浄化」を裁く　多谷千香子
- サウジアラビア　保坂修司
- 中国激流 13億のゆくえ　興梠一郎
- 多民族国家 中国　王　柯
- ヨーロッパ市民の誕生　宮島　喬
- 東アジア共同体　谷口　誠
- NATO　谷口長世
- ヨーロッパとイスラーム　内藤正典
- 現代の戦争被害　小池政行
- アメリカ外交とは何か　西崎文子
- 帝国を壊すために　アルンダティ・ロイ 本橋哲也訳
- 多文化世界　青木　保
- 異文化理解　青木　保
- デモクラシーの帝国　藤原帰一

岩波新書より

世界史